あの人が愛した、
とっておきのスイーツレシピ

NHK『グレーテルのかまど』制作チーム　監修

Their beloved recipes specially for you

大和書房

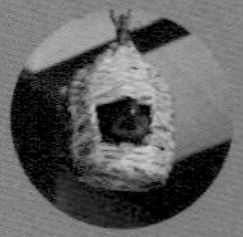

はじめに

スイーツには、人を笑顔にする力があります。大人も、子どもも、男性も、女性も、スイーツを味わえば幸せな気持ちに包まれる人が多いはず。そんなスイーツはいつの時代も、世界中の人から愛されてきました。
誰もが知る偉人たちには、彼らが好んだスイーツがあり、有名な映画や物語でも、作品の大切な場面にスイーツが登場します。

歴史を動かしたあの人が好んだ「あの味」、あの文豪が通い詰めた店の「あの味」、そして絵本や映画の中に登場する「あの味」など、時代背景や残された記録、親しい人たちの証言から「あの味」に近づけたのが、『グレーテルのかまど』のとっておきのスイーツレシピ。
スイーツをもっと近くに感じてもらえるように、作る道具や材料は、なるべく家庭にあるもの、手に入りやすいものにしています。

番組『グレーテルのかまど』では、ナビゲーターの15代ヘンゼルが、姉グレーテルのためにかまどの精とともにスイーツ作りに奮闘します。
「大切な人を笑顔にしたい」。誰かを思い浮かべながら、その人の笑顔のために懸命になるスイーツ作りの時間は、もしかしたら食べる瞬間よりも幸せな時間なのかもしれません。

嬉しいとき、悲しいとき、もうひとふんばりしたいとき、ひと口ほおばるとなんだか元気がわいてくるのがスイーツ。

その一つひとつに思いがけない誕生のドラマや、その味を愛してやまなかった人々の物語が秘められています。

そんな不思議なスイーツの物語を、我が家のかまどで最高においしく焼き上げましょう——。

グレーテルのかまど

（NHK・Eテレ）

仕事や子育てに追われながらも“ひと息つける自分の時間”を大切にしたい。そんな大人の女性のために“美しく”“優しく”“柔らかく”スイーツにせまる番組。現代の「大人になったグレーテルたち」に向けて、深くて美しいスイーツの物語と、物語にちなんだ番組オリジナルのレシピを紹介しています。

15代ヘンゼル

瀬戸康史

Koji Seto

グリム童話『ヘンゼルとグレーテル』の末裔。街なかに佇む不思議な一軒家に、姉のグレーテルと暮らしています。いつも忙しいグレーテルのために、“かまど”の助言を受けながら、スイーツ作りに挑戦します。

瀬戸康史・せとこうじ／俳優
福岡県出身。2005年俳優デビュー。ＮＨＫドラマ「胡桃の部屋」、「江～姫たちの戦国～」、「眠れる森の熟女」、「花燃ゆ」、舞台「マーキュリー・ファー」（演出 白井晃）、主演映画「合葬」などで演技力を高く評価され、ドラマ・舞台・映画と幅広く活躍中。最近では、ＮＨＫ連続テレビ小説「あさが来た」、ＴＢＳ「私結婚できないんじゃなくて、しないんです」、ＮＨＫ ＢＳプレミアム「幕末グルメ ブシメシ！」（主演）などのドラマに出演し、注目を集めた。また、舞台「遠野物語・奇っ怪 其ノ参」（作・演出 前川知大）・「陥没」（作・演出 ケラリーノ・サンドロヴィッチ）でも、その演技力が観客を魅了した。2017年10月21日公開の映画「ミックス。」（監督 石川淳一）と10月に舞台「関数ドミノ」（作 前川知大・演出 寺十吾）、さらに日本テレビ10月土曜ドラマ「先に生まれただけの僕」への出演が発表されており、今後の更なる活躍が期待されている。

かまど

声：キムラ緑子

ヘンゼルとグレーテルの家に代々伝わる、ヘンゼル曰く「わが家の居候」。「あの人」にまつわる物語の紹介やスイーツ作りのアドバイスをしています。

あの人が愛した、とっておきのスイーツレシピ

Contents

Chapter 3　あの人が愛したスイーツレシピ～日本編～

この本では……
- 大さじ1は15cc、小さじ1は5ccです（1cc＝1mℓ）。
- 卵1個の重量の目安は、Mサイズでは全卵（殻をのぞく）50g、卵白30g、卵黄20gです。Lサイズでは全卵60g前後、卵白40g、卵黄20g（Mサイズとほぼ同じ）です。
- バターはすべて食塩不使用のバターを使用しています。
- 生クリームはすべて純乳脂肪のクリームを使用しています。
- 火加減は、特に記載がない場合は中火を基準としています。
- オーブンはスチームを利用しない場合の温度で、事前に温めておきます。
- 加熱時間はすべて目安です。オーブンの特性によって加熱時間が変わることがありますので、仕上がりは必ずチェックしましょう。

Chapter 1

ヘンゼルが愛する
スイーツレシピ

15代ヘンゼルがこれまでに紹介した
レシピの中から、思い出深い
2つのレシピをどうぞ。

ヘンゼルの
スイートポテト

Hansel's favorite Sweet Potato

[　材料　]　6～8個分

さつまいも(安納芋)…3～4個(250g)、
バター…20g、卵黄…M1個分、
生クリーム(乳脂肪分47%)…30cc、黒ごま…少々

ツヤ出し用

〈卵黄…適量、はちみつ…適量〉

[作り方]

1 焼きいもを作る。さつまいもはきれいに洗い、アルミホイルで包む。

2 180℃のオーブンで、途中で上下を回転させながら約60分焼く。竹ぐしを刺してすっと通れば焼き上がり。

3 軍手などで手を保護し、2を熱いうちに縦半分に切る。皮を破らないように約5㎜程度、実を残し、スプーンで中身をくりぬく。

4 ボウルに3でくりぬいた中身を入れ、食感が残る程度にスプーンの背でつぶす。

5 4にバター、卵黄、生クリームの順に加え、ゴムベラでそのつどよく混ぜる。味見をし、甘さが足りない場合はグラニュー糖または上白糖(分量外)を適宜加える。

6 5を3でくりぬいた皮に詰め、山形になるように形を整える。

7 ツヤ出し用の卵黄とはちみつを混ぜ合わせ、6の表面にはけで塗って黒ごまを振りかける。

8 220～230℃のオーブンで約10分、表面がきつね色になるまで焼く。

Hansel's Voice

僕のスイーツ好きの原点ともいえるのが焼きいも。おじいちゃんがたき火で作ってくれたあの味は、今でも心に残っています。砂糖が貴重だった江戸時代から、おやつとして愛されてきたという焼きいもは、老若男女、多くの人を魅了しています。今回は甘みの強い安納芋を使い、砂糖を使わないとっておきのスイートポテトを作りました。

ヘンゼルの
NY流カップケーキ

Hansel's favorite New York style Cupcake

［　材 料　］　底の直径3.7㎝×高さ3㎝のマフィン型18個分

基本の生地

〈薄力粉…250g、グラニュー糖…200g、塩…小さじ⅓、
重曹…小さじ¾、卵…M2個、牛乳…100cc、
サラダ油…120cc、バニラエッセンス…数滴〉

レモン風味（6個分）

〈基本の生地…250g、レモンの表皮のすりおろし…½個分、レモン汁…大さじ2〉

コーヒー風味(6個分)

〈基本の生地…250g、インスタントコーヒー…大さじ2〉

ベリー風味(6個分)

〈基本の生地…250g、ラズベリー…12個、イチゴジャム…大さじ2〉

飾り用バタークリーム

〈バター…200g、粉砂糖…340g、牛乳…50cc、
レモンの表皮のすりおろし…少々、レモン汁…少々、
カラースプレー…少々、インスタントコーヒー…少々、
クルミ…少々、ラズベリーピューレ…少々、アラザン…少々、
ハート形のトッピング(糖菓)…少々、食用色素(黄・赤)…各少々〉

PREPARATION

- 薄力粉はふるっておく。
- バターは室温に戻しておく。
- マフィン型に紙ケースを入れておく。

［ 作り方 ］

1 ボウルに薄力粉、グラニュー糖、塩、重曹を入れ、泡立て器でよく混ぜる。

2 1に卵、牛乳、サラダ油、バニラエッセンスを加え、もったりとするまでよく混ぜて基本の生地を作る。

3 レモン風味とコーヒー風味のケーキを作る。2の⅓量にレモンの表皮、レモン汁を加えて混ぜる。同様に、2の⅓量に同量の湯（分量外）で溶いたインスタントコーヒーを加えて混ぜる。それぞれを6等分して型に流し入れ、180℃のオーブンで約25分焼く。

4 ベリー風味のケーキを作る。2の⅓量を6等分し、型に流し入れる。生地の中央にイチゴジャムを絡めたラズベリーを落とし、180℃のオーブンで約25分焼く。

5 バタークリームを作る。バターに粉砂糖を加えて混ぜる。牛乳を少量ずつ加えてツノが立つまで泡立て、飾り用のクリームを作る。

6 5の⅓量にレモンの表皮、レモン汁、食用色素（黄）を加えて混ぜ、レモン風味のケーキの表面に飾り、カラースプレーで仕上げる。

7 5の⅓量に同量の湯（分量外）で溶いたインスタントコーヒーを加えて混ぜ、コーヒー風味のケーキの表面に飾り、クルミをのせる。

8 5の⅓量にラズベリーピューレと食用色素（赤）を加えて混ぜ、ベリー風味のケーキの表面に飾り、アラザンとハート形のトッピングで仕上げる。

Hansel's Voice

人気ドラマ『セックス・アンド・ザ・シティ』に登場し、アメリカで爆発的な人気となったカップケーキ。舞台であるNYのカップケーキ専門店は、今や50店以上もあるとか。仕事帰りに片手でぱくっと食べられる手軽さ、店ごとに工夫を凝らした華やかなデコレーションは、忙しくても毎日を楽しみたいニューヨーカーにぴったりのスイーツ。僕も3種のカップケーキを作ってデコレーションに挑戦しました。

15代ヘンゼルこと

瀬戸康史INTERVIEW

番組のナビゲーター、15代ヘンゼルとして
数々のスイーツを紹介してくれている瀬戸康史さん。
スイーツ大好きという瀬戸さんに、
番組の魅力や、番組にかける意気込みを伺いました。

Koji Seto Interview

—初めて15代ヘンゼル役の話を聞いたときの感想を聞かせてください。

瀬戸　率直に言うと、「僕でいいのかな？」というのが最初に浮かびました。実は、この番組が始まるまでは、料理をしたことがほとんどなかったんです。甘いもの、特に和菓子は好きなんですけど、作るとなると……。それに、役どころもナビゲーターっていう新しいジャンルで、ドラマのような演技とも違うこともあり、少々不安でしたね。でも、もともと僕が楽天家なのもあって、「まずはやってみよう！」って飛び込むことにしました。

—番組を見ていると、瀬戸さんの手際が良いので、料理経験がないとは思えませんね。

瀬戸　それは、収録中に「かまど」がポイントを教えてくれるからでしょうね。さらに、収録の前には先生たちに所作指導を受けています。「収録前に家で練習しているの？」って聞かれることもありますが、ほとんど現場で先生たちの作り方を見たり、教わったりすることで覚えています。もともと手先の器用さには自信もあるんです（笑）。特に、盛りつけをするときは「こうしたほうがキレイかな？」なんて思いながら工夫をしているので、とても楽しいですよ。

—では、番組の中で印象に残っているスイーツを３つ挙げるとしたら何ですか？

瀬戸　まずは向田邦子さんの水ようかん。実は、ちょうどドラマで向田作品に取り組んでいたときに収録したんです。楽屋に自分で作った水ようかんを持っていき、共演者の皆さんに食べていただいたのが嬉しかったですね。それから、ジェラートとザッハートルテは、作るのに苦労をしたスイーツなので印象深いです。ジェラートはとにかく氷が冷たくて手がガチガチで動きにくくなってしまいましたし、ザッハートルテは時間との勝負でしかも失敗できないというプレッシャーで緊張しました。作ってみて感じますが、プロのパティシエの人ってやっぱりすごいですね。

—番組についても教えてください。いつもヘンゼルはグレーテルのためにスイーツを作っていますが、瀬戸さんから見たグレーテルはどんなイメージですか？

瀬戸　僕にとってのグレーテルは、毎日仕事に頑張っている現代の女性の象徴でしょうか。今の女性は、いろんなことを求められていてすごく大変だなって思うんです。僕自身には姉がいないので、ずっと「姉ちゃん」に憧れていたのもあって、そういう頑張っている女性をスイーツで元気にしてあげたいと思っています。スイーツって、繊細できれいですし、見ているだけでも「癒《いや》し」になりますよね。しかも食べておいしくて、また癒されて。自分が作ったスイーツが誰かの癒しになるようにと思って、心を込めて作っています。

—それでは最後に、読者へのメッセージをお願いします。

瀬戸　番組『グレーテルのかまど』は、スイーツを愛したさまざまな人たちの背景に迫る部分があって、料理好き、スイーツ好きの方以外にも楽しめる内容になっています。この本を読んで、ぜひ皆さんの手で、「あの人」が愛したスイーツを作ってみてください。

Sweets recipes loved in foreign countries

Chapter 2

あの人が愛したスイーツレシピ～海外編～

世界的に有名なあの作品に登場するスイーツや、
その土地に受け継がれる伝統スイーツの数々。
その背景を追いながら、レシピを再現してみました。

アメリの
クレームブリュレ

フランス映画『アメリ』で、世界中で人気となった「クレームブリュレ」。
パリパリのカラメルの下にひそむのは、バニラの芳醇《ほうじゅん》な香りが漂う濃厚なクリーム。
スプーンで割って食べる遊び心が、大人も子どもも虜《とりこ》にするのです。

Crème Brûlée from “Amélie”

“クレームブリュレのカリカリの表面を割って食べるのが好き”

——映画『アメリ』より

パリパリに焦がしたカラメルを割るとき、幸せの一歩が始まる

小さい頃からひとり遊びが大好きだったアメリは、カフェで働く大人になっても想像力たっぷりのちょっと変わった女の子。そんなアメリのお気に入りの時間が「クレームブリュレのカラメルを割る瞬間」でした。何をするにも引っ込み思案で、一歩を踏み出せなかったアメリにとって、カラメルを割る音は、「心の殻」を割る音でもあったのです。

フランスでは、17世紀の料理書に記録が残るほど古いお菓子のクレームブリュレ。その味を現代に甦《よみがえ》らせたのは、ポール・ボキューズとジョエル・ロブションという2人の巨匠《きょしょう》でした。カスタードのクリームの上に薄氷のようなパリパリのカラメル……甘さと香ばしさのハーモニーは、伝統菓子を洗練《せんれん》されたスイーツへと変化させたのです。

アメリが、そしてパリジェンヌが愛するクレームブリュレ。パリパリの食感は、あなたの幸せの扉も開けてくれるかもしれません。

『アメリ』
DVD 販売元：
アルバトロス
価格：4,935円（税込）

アメリのクレームブリュレ

[　材 料　]　直径10㎝のグラタン皿２枚分

牛乳…50cc、生クリーム(乳脂肪分45 ～ 47%)…200cc、バニラのさや…½本、卵黄…M３個分、グラニュー糖…30g、カソナード(ブラウンシュガーでも可)…適量

PREPARATION

●バニラのさやは縦にさき、ナイフの背で種をこそぎ出しておく。

[　作り方　]

1 鍋に牛乳、生クリーム、バニラの種とさやを入れて火にかけ、ふつふつと沸くまで温める。

2 ボウルに卵黄を入れて溶きほぐし、グラニュー糖を加えてすり混ぜる。

3 2に1を加えて溶きのばし、こし器でこしてバニラのさやを取り除く。表面に泡が立ったらスプーンなどで取り除く。

4 3をグラタン皿に流し入れ、110℃のオーブンで約30分焼く。焼き上がって粗熱がとれたら、冷蔵庫に入れて１時間以上冷やす。

5 十分に冷やした4の表面に、カソナードを薄く均一に振る。

6 バーナーでカソナードを焦がし、まんべんなく焼き色をつける（キャラメリゼ）。冷蔵庫で冷やしていただく。

かまどのオキテ

バーナーがない場合は、トースターやグリルでキャラメリゼができるわよ！　上面だけに火が当たるように、アルミホイルの台で器を高くするなど工夫をしてみて！

Pot de Crème also seems delicious.

One more Recipe

ポ・ド・クレーム・バニーユ／ショコラ

フランス語で器いっぱいのバニラのクリームという意味。牛乳たっぷりの配合で、シンプルなおいしさを楽しんで。

＋ 材料 ＋　デミタスカップ各４個分

ポ・ド・クレーム・バニーユ：
牛乳…250cc、バニラのさや…½本、
卵黄…Ｌ２個分（50ｇ）、グラニュー糖…75ｇ

ポ・ド・クレーム・ショコラ：
チョコレート…75ｇ、牛乳…275cc、
卵黄…Ｍ２個分、グラニュー糖…８ｇ

＋ 作り方 ＋

A ポ・ド・クレーム・バニーユ：「アメリのクレームブリュレ」の作り方1～3に準じて作り、器の８分目まで流し入れる。湯を張ったオーブンプレートにのせ、150℃のオーブンで約20分焼く。

B ポ・ド・クレーム・ショコラ：チョコレートを細かく刻み、沸騰した牛乳を注いで静かに混ぜて溶かす。

C ボウルに卵黄を入れて溶きほぐし、グラニュー糖を加えてすり混ぜる。Bを加えて混ぜ、こし器でこして器の８分目まで流し入れる。湯を張ったオーブンプレートにのせ、150℃のオーブンで約20分焼く。

ローマの休日の
ジェラート

オードリー・ヘップバーン演じるアン王女の、１日限りの恋を描いた映画『ローマの休日』。
アン王女のように、素顔の自分に戻れるようなジェラートを作りましょう。

Gelato from “Roman Holiday”

“ジェラート!”

——映画『ローマの休日』より

たった1日の恋のように、溶けゆく儚《はかな》い甘さ

コクがあるのに甘すぎず、さっぱりと口の中で消えていく……。イタリア生まれのジェラートは、日本でも定番のスイーツです。

このジェラートが登場する映画といえば、『ローマの休日』。宿舎である宮殿を抜け出したアン王女が、新聞記者のブラドリーと出会い、スペイン広場でジェラートを食べるシーンは、この映画の名シーンのひとつです。

イタリア語で「凍った」という意味を持つジェラートは、アイスクリームに比べて糖分や脂肪分が少なめ。しっとりなめらかな口当たりで、素材の味をしっかりと味わうことができます。

今回は、アン王女をイメージしたイチゴを使ったフレッシュ感たっぷりのジェラートと、定番のミルクジェラートをご紹介。作り方も2つの方法をご用意しました。

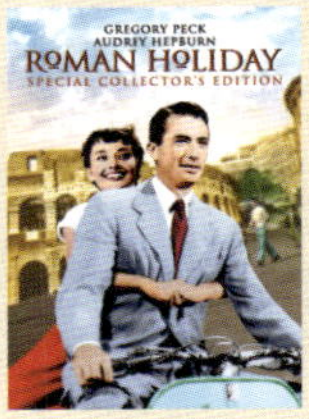

『ローマの休日』
DVD 発売元：
パラマウント ジャパン
価格：2,625 円（税込）
発売中

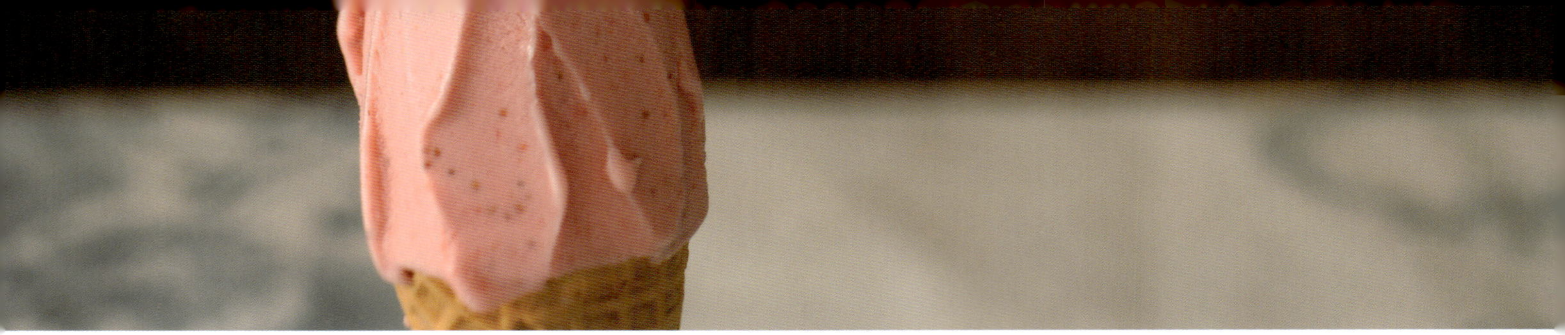

ローマの休日のジェラート

[材 料] 4～5人分

イチゴ…300g、グラニュー糖（上白糖でも可）…45g、牛乳…150cc、コーン（市販）…4～5本

PREPARATION

●アイスクリーマーの内部の容器を冷凍庫でひと晩(7時間以上)冷やしておく。

[作り方]

1 イチゴはヘタを取り、洗って水気をきる。

2 1をハンディプロセッサーでつぶし、ピュレ状にする。

3 2にグラニュー糖と牛乳を加えて混ぜ、冷蔵庫に入れてよく冷やす。

かまどのオキテ

冷えると甘みは感じにくくなるものなの。味見をして甘みが足りなければ、砂糖の量を増やして調節を！

4 準備したアイスクリーマーにかける。3回程度まわしたら2～3分休ませ、また3回程度まわす。

（注）アイスクリーマーの使用法は、機種によって異なります。付属の説明書に従ってください。

5 ゴムベラでときどき混ぜながら4を繰り返し、なめらかなジェラートに仕上げる。

6 ゴムベラでさらによく練ってなめらかにし、コーンに盛りつける。

アイスクリーマーがない場合は…

アイスクリーマーがなくても深めの鍋と高さのあるガラスやホーローの容器、たっぷりの氷と塩でジェラート作りができます。ちょっと時間はかかりますが、番組でヘンゼルが挑戦した作り方です。チャレンジしてみてはいかが？

1 パスタパンなど深さのある鍋に砕いた氷をたっぷり入れ、塩（氷の20％）を振り入れて混ぜる。

2 容器を氷の入った鍋に押し込み、「ローマの休日のジェラート」の3を入れて混ぜる。

3 4〜5分すると、容器の周囲部分から凍りだすので、凍った部分をゴムベラでこそげ取り、ハンディプロセッサーでよく混ぜる。何度か繰り返し、ツノが立つくらいのかたさになったら、冷凍庫で保存する。

One more Recipe

ミルクジェラート

真っ白いジェラートは本場イタリアの定番フレーバー。
バニラアイスとはひと味違う、
淡い口溶けとリッチなミルク感を楽しんで。

＋ 材料 ＋　4〜5人分

牛乳…500cc、生クリーム（乳脂肪分47％）…50cc、
コンデンスミルク…25g、グラニュー糖…75g

＋ 作り方 ＋

A 鍋に牛乳を入れて火にかけ、約40℃に保ちながら約30分温める。

B 粗熱がとれたら生クリーム、コンデンスミルク、グラニュー糖を加え、混ぜて溶かす。

C 「ローマの休日のジェラート」の作り方4〜5に準じて仕上げる。

ムーミンのふるさと
フィンランドのパンケーキ

世界中で読まれている『たのしいムーミン一家』に出てくる、
ムーミンママのパンケーキはみんなが大好きなスイーツ。
ムーミンのふるさと、フィンランド流のもちもちパンケーキを作ってみました。

もちもちの新しい食感が、
森のベリーソースとマッチ

美しい森の中に住む「ムーミン」は、世界で愛され続けるキャラクターです。おいしいものがたくさん出てくるこのお話の中で、ひときわ印象的なのが、ムーミンママの作るパンケーキ。パンケーキをエサに巨大魚を釣り上げたり、また時には、ムーミン谷にやってきた恐ろしい飛行おにの心をほぐしたり……。ムーミンたちの冒険に、パンケーキは欠かせないものなのです。

ムーミンの生まれたフィンランドでは、もちもちの四角いパンケーキが定番。これにフルーツのお好みのソースやクリームをかけていただきます。

今回は、森の恵みを感じるベリーソースと、ホイップクリームを合わせてみました。新しい味わいに、ムーミン谷の新たな魅力を発見するかもしれません。

“パンケーキとジャムをたべているような人なら、
そんなにこわくはありませんからね”

──『たのしいムーミン一家』（講談社青い鳥文庫）より

Pancake from Finland

フィンランド風パンケーキ

[材 料] 18㎝×18㎝の耐熱容器 1台分

中力粉…90g（強力粉45g ＋ 薄力粉45gでも可）、グラニュー糖…10g、
塩…2g、卵…M2個、牛乳…500cc
ベリーソース〈ラズベリー…120g、イチゴ…60g、ブルーベリー…40g、グラニュー糖…70g〉
ホイップクリーム〈生クリーム（乳脂肪分47％）…100cc、粉砂糖…10g〉

PREPARATION

- 中力粉はふるっておく。
- 耐熱容器の内側にオーブンペーパーを敷く。

[作り方]

1 ボウルに中力粉、グラニュー糖、塩を入れ、泡立て器でよく混ぜる。

2 1に卵と少量の牛乳を加え、混ぜ合わせる。残りの牛乳を少しずつ加えて混ぜ、冷蔵庫で約10分休ませる。

3 2を耐熱容器に流し入れ、200℃のオーブンで30〜40分焼く。耐熱容器からオーブンペーパーごと取り出して冷ます。

The Berry Juice also seems delicious.

4 ベリーソースを作る。ラズベリーの半量とグラニュー糖をハンディプロセッサーでピュレ状にし、鍋に入れて湯気が出るまで温める。

5 イチゴ、ブルーベリー、ラズベリーの残り半量を加え、弱火で約1分加熱したら火を止める。

かまどのオキテ

フィンランドの森をイメージしたソースは、フレッシュなゴロゴロ感が命！ 火を通しすぎないように注意して！

6 ボウルに生クリームと粉砂糖を入れ、泡立て器でツノの先が垂れる程度(6〜7分立て)まで泡立て、ホイップクリームを作る。

7 3を6cm角に切り分けて皿に盛り、温めた5を添える。さらに6を添えたら完成。

One more Recipe

ベリーのジュース

森の恵みをたっぷり使ったフレッシュソーダ。
パンケーキと合わせてどうぞ。

+ 材料 + 1人分

ベリーソース…適量、トニックウォーター…約150cc

+ 作り方 +

A 「フィンランド風パンケーキ」の作り方4〜5に準じ、ベリーソースを作る。

B Aをミキサーにかけてなめらかにし、裏ごしする。

C Bとトニックウォーターを1：2の割合でグラスに注いだら完成。混ぜながらいただく。

ナポレオンの クレープ

皇帝ナポレオンも食べた「クレープ」。
フランスの国民的スイーツでもあるこのひと皿を、
クラシックな食べ方で楽しんでみましょう。

Napoléon's favorite Crêpe

“バターとシュガー、それが伝統的な食べ方”

ナポレオンの心もつかんだ、フランスの国民的スイーツ

今から800年ほど前のこと。フランス北西部のブルターニュ地方では寒さが厳しいことから小麦が育ちにくく、そばを作っていました。このそば粉で作った生地を薄く焼いて卵やチーズをはさんだものが、今でもフランスで愛されているそば粉料理の「ガレット」。いつしかこの料理は、小麦粉で作る甘いスイーツへと変化を遂《と》げ、フランス全土に広がったのです。

クレープの本場フランスでは、2月2日にクレープを食べる習慣があります。「聖燭祭《せいしょくさい》」という春の到来を祝うキリスト教の祝日ですが、家庭では「クレープ占い」をします。フライパン片手に、生地がうまくひっくり返るかどうかで吉凶を占いますが、かの皇帝ナポレオンも夢中になったといわれています。ナポレオンの快進撃も、その後の凋落《ちょうらく》も、クレープがその運命を握っていたのかも……。

今回は、クレープ発祥の地、ブルターニュ流のシンプルな食べ方と、リンゴとキャラメルの絶妙な組み合わせをご紹介します。

ナポレオンがロシア遠征で大敗退(1812年)。「クレープ占い」を敗退の理由にして嘆いたという説も。

ナポレオンのクレープ

[材料] 直径26㎝×4枚分

薄力粉…50g、グラニュー糖…20g、塩…ひとつまみ、卵…M1個、牛乳…125cc、バター…10g、バター（仕上げ用）…適量、グラニュー糖（仕上げ用）…適量

PREPARATION

- 薄力粉はふるっておく。
- 生地に使うバターは溶かしておく。

[作り方]

1 ボウルに薄力粉とグラニュー糖、塩を入れ、泡立て器でよく混ぜる。

2 1に溶いた卵と牛乳⅓量を加えて混ぜる。全体が均一になったら、残りの牛乳を加えてさらに混ぜる。

3 2に溶かしたバターを加えて混ぜ、こし器でこす。ラップをかけて約1時間、冷蔵庫で休ませる。

かまどのオキテ

生地を休ませることで、全体がなじんでなめらかになるの。最低1時間はガマンして！

4 フッ素樹脂加工のフライパンを温め、3を約60cc（フライパンの底面に行きわたる程度）流し入れる。生地が均一に広がるようフライパンをまわし、中火で焼く。

5 生地のふちが茶色く色づいたら、焼き色を確認してひっくり返す。裏面は約10秒、乾かす程度に焼く。

6 温かいうちに皿に盛り、仕上げ用のバターを裏面に塗ってグラニュー糖を振る。4つにたたみ、表面にもグラニュー糖を振る。

That looks nice,too!

One more Recipe

リンゴのキャラメルクレープ

番組でヘンゼルが作っていたクレープ。
さわやかなリンゴの味わいに、
濃厚なキャラメルソースがよく合います。

＋ プラスする材料 ＋　4人分

リンゴのコンポート〈リンゴ…2個、グラニュー糖…70g、レモン汁…1個分、バニラのさや…1本〉

キャラメルソース〈生クリーム(乳脂肪分38%)…100g、グラニュー糖…100g、バター…20g〉

トッピング〈ラム酒漬けレーズン…20g、アーモンド…20g、ピスタチオ…20g〉

＋ 作り方 ＋

A 鍋にくし形に切ったリンゴ、グラニュー糖、レモン汁、縦にさいたバニラのさやを入れる。落としぶたをし、さらにふたをして弱火で約10分煮る。

B リンゴが透き通ってきたら火を止め、汁気をきる。

C キャラメルソースを作る。鍋に生クリームを入れて火にかけ、湯気が出る程度に温める。

D 別の鍋にグラニュー糖を入れて中火にかける。グラニュー糖が鍋のふちから溶け出しふつふつと沸いてきたら、泡立て器で混ぜる。茶色く色づき、煙が立って全体的に泡が出てきたら、火を止める。

E 吹きこぼれないように注意しながら、DにCを少しずつ加えて混ぜ、仕上げにバターを加えて混ぜる。

F 「ナポレオンのクレープ」の作り方1～5に準じてクレープを焼き、Bのリンゴを4切れ、レーズン、アーモンド(180℃のオーブンで約10分焼いて刻む)少量を入れて包み、皿に盛る。Eをクレープの上に線を描くようにスプーンでかけ、仕上げに刻んだアーモンドとピスタチオを飾る。

赤毛のアンのチェリーパイ&モンゴメリのモックチェリーパイ

孤児院で育ち、老兄妹の養女となって強くたくましく生きるアン。
ひとりの女性の成長の物語の節目には、
いつも甘酸っぱいチェリーパイがあったのでした。

“チェリー・パイの
匂いじゃないかしら？
もしそうなら、お茶まで
いろと言ってくださいよ”

──『アンの夢の家』（新潮文庫）より

Anne's Cherry Pie

プリンスエドワード島に建つグリーン・ゲイブルズには、多くのファンが訪れる。

夏だけの贅沢、甘酸っぱいチェリーパイと、モンゴメリが愛したモックチェリーパイ

赤毛でそばかすだらけ、おしゃべりで想像力豊かな少女のアン。30カ国以上で翻訳されたベストセラーは、世界中の少女を虜にしています。全８巻にも及ぶこの物語の中に登場するのが「チェリーパイ」。夏の短いカナダではとても貴重なフルーツである、チェリーをたっぷり使ったおもてなしのスイーツです。

一方のモックチェリーパイは、『赤毛のアン』の著者・モンゴメリ自身が心を注いだスイーツ。モックとは〝まがいもの〟という意味で、クランベリーとレーズンを使い、当時貴重だったチェリーに似た味のフィリングを詰めたパイです。自筆のレシピも残っているほど、モックチェリーパイを作っていたモンゴメリ。仕事と家庭の両立にいそしむ彼女にとって、モックチェリーパイは、息子たちへの愛情の証だったのかもしれません。

モンゴメリが作ったサクサクのサブレタイプのパイ生地で、モックチェリーとチェリーの２つのフィリングを紹介します。

アニメ『赤毛のアン』／近藤喜文 画

モンゴメリのモックチェリーパイ

[材 料] 直径18㎝のタルト型1台分

パイ生地〈薄力粉…250g、ショートニング…125g、塩…2g、卵…M1個、
冷水…卵と合わせて80g分、強力粉（打ち粉用）…適量〉

フィリング(中身)〈クランベリー（冷凍でも可）…110g、水…100cc、グラニュー糖…125g、
コーンスターチ…大さじ1、レーズン…110g、レモン汁…小さじ¼、
シナモン…小さじ½、バニラエッセンス…少々〉

PREPARATION

●パイ生地の材料はすべて冷蔵庫で冷やし、薄力粉はふるっておく。

[作り方]

1 薄力粉、ショートニング、塩をフードプロセッサーにかける。

かまどのオキテ

サクサクの生地を作るためには、ショートニングが溶けないうちに作業するのが重要。まわしすぎには注意して！

2 卵を溶きほぐし、冷水と混ぜて1に加える。ひとまとまりになるまでフードプロセッサーにかける。半分に分け、それぞれ短い円柱状にしてラップに包み、冷蔵庫で最低1時間休ませる。

3 フィリングを作る。クランベリーをフードプロセッサーにかけ、数秒ずつ3〜4回まわして粗くつぶす。

4 鍋に水、グラニュー糖、コーンスターチを入れ、溶きのばす。強火にかけて絶えず混ぜ、とろみが出始めたら3とレーズンを加え、混ぜながら約15分煮る。

5 4がジャムのような濃度になったら火を止め、レモン汁、シナモン、バニラエッセンスを加えて混ぜる。バットに移し、ラップを密着させて冷ます。

6 作業台に打ち粉をする。2の生地を置き、麺棒で叩きながら伸ばす。さらに麺棒を押しながら転がし、型よりふたまわり程度大きくなるように伸ばす。

7 1枚の生地を型に敷き込み、フォークで底面に穴を空ける。

8 7に5を8分目まで流し入れる。生地のふちにはけで水(分量外)を塗り、もう1枚の生地を空気が入らないようにのせ、麺棒を使って密着させながら余分な生地を切り落とす。

9 切り落とした生地をまとめてもう一度伸ばし、丸い抜き型をずらしながら2回抜き、葉の飾りを作る。はけで水を塗り、8に飾りつける。

10 ナイフで数カ所に穴をあけ、200℃のオーブンで約1時間焼く。表面にムラなく、きれいな焼き色がついたら焼き上がり。底と側面も色づいていることを確かめる。

One more Recipe

赤毛のアンのチェリーパイ

『赤毛のアン』に出てくるのはチェリーパイ。
夏の短いカナダでは貴重なフルーツの、チェリーをたっぷり使った、おもてなしのスイーツです。

＋ 材料 ＋　直径18cmのパイ皿1台分

パイ生地…「モンゴメリのモックチェリーパイ」1台分

フィリング

〈ダークチェリー(缶詰)…200g、缶詰のシロップ…100g、グラニュー糖…40g、コーンスターチ…10g、レモン汁…小さじ1½〉

＋ 作り方 ＋

A 鍋にダークチェリーのシロップ、グラニュー糖、コーンスターチを入れ、溶きのばす。中火にかけ、とろみがついてぼこぼこと沸いてきたら、汁気をきったダークチェリーを加える。

B 実を崩さないようにやさしく混ぜながら煮る。汁気がなくなったら、レモン汁を加えて混ぜる。バットに移し、ラップを密着させて冷ます。

C 「モンゴメリのモックチェリーパイ」の作り方1〜2に準じてパイ生地を作り、7に準じてパイ皿に敷き込む。Bを高さの半分まで入れる。もう1枚の生地をかぶせ、余った生地を帯状に切って飾る。ツヤ出しの溶き卵(分量外)を塗り、同様に焼き上げる。

イギリスグランマの フルーツケーキ

英王室ウィリアム王子とキャサリン妃のロイヤルウエディング。
そのパーティーに登場したフルーツケーキは、
古き時代からイギリスのグランマに伝わる伝統の味でした。

Grandma's Fruitcake

“専用の缶とたっぷりの洋酒で寝かせるのが、フルーツケーキのポイント”

グランマの〝優しさ〟と〝時間〟が育む、奥行きのある味わい

物語『鏡の国のアリス』（新書館）にも干しブドウのケーキが登場。

フルーツケーキを熟成させる専用の缶。リタ・クックさん愛用のもの。

2011年、世界中がお祝いした英王室のロイヤルウエディングで注目された、8段重ねのウエディングケーキ。その中身は、実はフルーツケーキでした。

洋酒に漬け込んだドライフルーツとスパイスをたっぷり使って焼き上げ、洋酒を塗っては密閉缶で熟成させるフルーツケーキ。イギリスでは祖母から母へ、母から娘へと代々伝える家庭の味でもあります。ハーブ研究家の北野佐久子さん（写真左上の中央）は、留学時に出会ったバーバラ・テイトさん（写真右上）、そして滞在先でかわいがってもらったリタ・クックさん（写真左上の左側）という2人のグランマのフルーツケーキが思い出に残っています。今では家族の特別な日にそのフルーツケーキを作るという北野さん。日本にもグランマの味が母から娘へと受け継がれています。

ずっしりと重く、香り高いイギリスグランマのフルーツケーキの味。たくさんのドライフルーツで作ってみましょう。

写真提供：北野佐久子

イギリスグランマのフルーツケーキ

[材 料] 直径20㎝の丸型1台分

薄力粉…200g、カリフォルニアレーズン…175g、サルタナレーズン…175g、カレンズレーズン…175g、オレンジピール…50g、レモンピール…50g、ドライクランベリー…50g、ドライチェリー…50g、アーモンドパウダー…25g、ナツメグ…1個、ジンジャー…小さじ¼、クローブ…小さじ¼、シナモン…小さじ1、塩…小さじ½、バター…225g、ブラウンシュガー…225g、卵…M4個、アーモンド…50g、クルミ…50g、ラム酒…適量

[作り方]

1 鍋に湯適量を入れて火にかけ、レーズン類を加えて約30秒混ぜる。

2 ざるにあけ、さらにキッチンペーパーでしっかりと水気を拭き取る。ボウルに移し、オレンジピール、レモンピール、ドライクランベリー、ドライチェリーと合わせる。ラム酒大さじ3を加えて混ぜ、ひと晩置く。

3 ナツメグをすりおろし、小さじ¼程度のパウダーにする。薄力粉150gにアーモンドパウダー、ナツメグ、ジンジャー、クローブ、シナモン、塩を加え、泡立て器でざっと混ぜる。

4 別のボウルにバターとブラウンシュガーを入れ、泡立て器でふんわりするまですり混ぜる。

5 4に溶いた卵を少しずつ加え、よく混ぜる。

6 5に3を加え、ゴムベラで粉気がなくなるまで混ぜる。

7 2に薄力粉50gをまぶす。

かまどのオキテ

ドライフルーツに薄力粉をまぶしておくと、焼いたときに生地の中で沈まず、均等になるのよ！

8 6に7を加えて混ぜ、粗く刻んだアーモンドとクルミを加えてさらに混ぜる。

9 型にバター（分量外）を塗ってオーブンペーパーを敷いたら、8を流し入れる。焼いたときの盛り上がりを防ぐために中央をくぼませ、150℃のオーブンで約2時間焼く。

10 焼き上がったら型から外す。粗熱がとれたらオーブンペーパーをはがし、はけでラム酒を塗る（フィーディング）。

11 10をラップに包み、密閉缶に入れて冷暗所で熟成させる。週に一度、はけでラム酒を塗るフィーディングを行い、およそ1カ月熟成させる。

レシピ提供：北野佐久子

くまのパディントンの
マーマレード＆ダンディケーキ

50年以上も世界の子どもに愛されるくまの「パディントン」。
彼の毎日に欠かせない「マーマレード」を、日本のユズを使って仕上げました。

Paddington Bear's favourite marmalade

イギリスの朝に欠かせない、太陽の味をユズで再現

帽子の中には大好物のマーマレードサンドイッチ。くまのパディントンは、50年以上も世界の子どもたちに愛されている物語の主人公です。

パディントンが大好きなマーマレードは、イギリスの朝食の定番。老舗《しにせ》の食料品店の中には約40種類ものマーマレードを揃えるところもあるほど、味の好みは多種多様。自家製を楽しむ家も多く、毎年マーマレードの味自慢コンテストが開かれるほど、イギリスの生活に深く根づいているのです。

そんなイギリスのマーマレードは苦みのある甘さが身上。日本では手に入りにくい〝セビルオレンジ〟の代わりに同じ柑橘類のユズを使って再現しました。作者ボンドさんとパディントンの折り紙つきです。マーマレードをたっぷり使う「ダンディケーキ」とともに、ぜひ味わってみてください。

“ぼく、ママレードを食べてたんです。
ママレードは、クマの大好物ですからね”

――『くまのパディントン』マイケル・ボンド作／松岡享子訳／ペギー・フォートナム画（福音館書店）より

『くまのパディントン』の作者、マイケル・ボンド氏。

ユズのマーマレード&ダンディケーキ

[　材 料　]　マーマレード：約900g、ダンディケーキ：直径18㎝の丸型1台分

マーマレード〈ユズ…大6個(約700g)、グラニュー糖…700g（ユズと同量)〉

ダンディケーキ〈薄力粉…200g、ベーキングパウダー…小さじ1、バター…150g、
ブラウンシュガー…50g、卵…M 3個、レーズン…100g、ラム酒…大さじ2、
マーマレード…150g、アーモンド(皮むき)…30 ～ 35粒、白ざらめ糖…適量(省略可)〉

PREPARATION

- ●ユズはよく洗う。
- ●レーズンは湯で戻して分量のラム酒をまぶし、1時間～ひと晩浸ける。
- ●バターは室温に戻しておく。
- ●薄力粉とベーキングパウダーは合わせてふるっておく。
- ●型にバター(分量外)を塗り、紙を敷く。

[　作り方　]

1　マーマレードを作る。ホーローまたはステンレスの大きな鍋にたっぷりの湯を沸かし、ユズを入れて火を止め、ふたをして約10分蒸らす。

かまどのオキテ

お湯で蒸らすことによって、皮がふやけて糖分がしみ込みやすくなるのよ！

2　湯から引き上げ、縦半分に切って薄皮を含めた実をスプーンでくりぬく(a)。外皮は3㎜程度の厚さにせん切りにする(b)。

3　2でくりぬいた実を粗く刻む。全体の重さを量り、1.2倍程度の水と一緒に鍋に入れて火にかける。一度沸騰させたら、弱火で約30分煮る。

4　3を粗めのこし器でこす。残った部分をゴムベラで押して絞り出し、薄皮と種を取り除く。

5 4と2の外皮を鍋に入れ、火にかける。沸騰したらグラニュー糖の⅓量を加え、弱火で約5分煮る。

6 さらに⅓量のグラニュー糖を加え、約5分煮る。アクが出たら取り、残りのグラニュー糖を加えて煮る。皮が透き通ってきたら、取り出して歯ごたえを確かめる。煮汁がオレンジ色に変われば完成。煮沸消毒した密閉容器で保存する。

かまどのオキテ

ユズの皮はオレンジより柔らかいの。形と歯ごたえが残っているうちに煮上げるのがポイントよ！

7 ダンディケーキを作る。バターとブラウンシュガーを合わせ、ふんわりするまですり混ぜる。

8 7に溶いた卵を3〜4回に分けて加え、よく混ぜる。

9 8に粉類を一度に加え、ゴムベラで切るように混ぜ合わせる。

10 粉気がなくなったらレーズンを加え、切るように混ぜ合わせる。

11 6を皮が多めになるように150g取り分け、粗く刻む。10に加えて切るように混ぜ合わせる。

12 型に流し入れて表面を平らにし、表面にアーモンドを放射線状に並べ、白ざらめ糖を振る。

13 180℃のオーブンで50〜60分焼く。型から外し、冷めたら紙をはがす。

女王陛下の
ヴィクトリアサンドイッチケーキ

エリザベス女王が戴冠《たいかん》60周年を迎えたお祝いムードのイギリスで、
ティーパーティーの主役となったのがヴィクトリアサンドイッチケーキです。
女王の名を冠した伝統のケーキは、イギリス人のとっておきスイーツ。

©National Portrait Gallery/amanaimages

“卵の分量を量って、
同じ量の小麦粉とバターと
砂糖を使うのがポイント”

Victorian Sandwich Cake of Her Majesty

「女王の笑顔」を願ったケーキは、バターの香り豊かな絶妙な味わい

エリザベス女王が戴冠60周年を迎えた2012年、イギリスの各地ではお祝いのティーパーティーが開かれています。このお祝いに欠かせないのが、ヴィクトリアサンドイッチケーキ。19世紀のイギリスを繁栄に導いた女王の名がついた伝統のスイーツです。

真面目で貞淑《ていしゅく》、正義感のあるヴィクトリア女王は、良妻賢母の象徴としてイギリス国民から愛されていました。ところが、42歳のときに最愛の夫、アルバート公が逝去《せいきょ》。哀しみにくれた女王は、宮殿の奥深くに閉じこもってしまいます。女王を慰《なぐさ》めるべく、幾度となく開かれたティーパーティーに登場したのが、このケーキだといわれています。シンプルな材料ながらリッチなケーキとベリーの生み出す絶妙な味わいは、女王の心を癒したにちがいないと語り継がれています。

今回は本場さながらに、2つのケーキ型を使って、2枚のケーキを焼いてジャムをはさむレシピに仕上げました。

©The Bridgeman Art Library/amanaimages

ヴィクトリア女王のサンドイッチケーキ

[材 料] 直径18cmの丸型２枚分(ケーキ１台分)
薄力粉…110g、ベーキングパウダー…小さじ1、バター…110g、
グラニュー糖…110g、卵…L２個弱(110g)、粉砂糖…適量
ラズベリージャム〈ラズベリー…250g、グラニュー糖…150g、レモン汁…大さじ1〉

PREPARATION

- ●薄力粉とベーキングパウダーは合わせてふるっておく。
- ●バターと卵は室温に戻しておく。
- ●直径18cmの丸型２台の底と側面に、溶かしたバター(分量外)をはけで薄く塗り、冷蔵庫で冷やしておく。

[作り方]

1 スポンジ生地を作る。ボウルにバターとグラニュー糖を入れ、泡立て器でふんわりと白っぽくなるまですり混ぜる。

2 溶いた卵を少しずつ加え、そのつどよく混ぜ合わせる。

かまどのオキテ
卵を一気に入れると、卵の水分とバターが分離しちゃうの。特にこの配合は分離しやすいから、慎重に丁寧に混ぜて！

3 粉類を加え、ゴムベラで粉気がなくなるまで切るように混ぜ合わせる。

4 型の内側に薄く強力粉(分量外)をまぶし、余分な粉を落とす。生地を２等分して２つの型に入れ、表面を平らにならし、180℃のオーブンで25～30分焼く。焼き上がったら２～３分置き、型から外して冷ます。

5 ラズベリージャムを作る。ラズベリーの半量を鍋に入れ、ハンディプロセッサーで粗くつぶす。

6 5に残りのラズベリーとグラニュー糖を加えて火にかける。アクが出たら取り除き、さらに煮詰める。スプーンの背ですくい取り、乾かして指で筋をつけたら跡が残るくらいの濃度になったら火を止め、レモン汁を加えて冷ます。

7 4のスポンジ生地1枚の上に6を薄く塗り広げ、もう1枚をのせる。表面に粉砂糖をまんべんなく振る。

One more Recipe

リンゴ入りバターケーキ

生のリンゴをたっぷりと敷き詰め、
そのまま焼き上げたケーキ。
シナモンの香りが大人の雰囲気を演出。

＋ プラスする材料 ＋　直径18cmの丸型1台分

リンゴ…小1個、クルミ…適量、シナモン…小さじ1、
レモンの表皮のすりおろし…½個分

＋ 作り方 ＋

A 「ヴィクトリア女王のサンドイッチケーキ」の準備で粉類をふるう際に、シナモンも合わせてふるう。

B 「ヴィクトリア女王のサンドイッチケーキ」の作り方に準じてケーキを作る。作り方2で卵を加えた後に、レモンの表皮を加えて混ぜる。

C 作り方4で生地を2等分せずにすべて1つの型に流し入れ、くし形に切ったリンゴを放射線状に並べ、上にクルミを散らして180℃のオーブンで約50分焼く。

D 焼き上がったら型から外して冷まし、表面に粉砂糖を振りかける。

皇妃エリザベートの ザッハートルテ

類《たぐ》い稀《まれ》な美貌とスタイルを誇ったオーストリア皇妃・エリザベート。
生涯を通してダイエットに励んだという彼女を癒したのは、甘いザッハートルテでした。

皇妃エリザベートが暮らした、豪華絢爛なシェーンブルン宮殿。

エリザベートが支払った、ザッハートルテの領収書が残っている。

Elisabeth's favorite Sachertorte

究極の美を追求した皇妃の心をつかむ至福の味

ヨーロッパで長きにわたり栄華を極めたハプスブルク家。そのお膝元であるウィーンには、今なお王室や貴族に愛された数々のスイーツが伝えられています。その中でも別格とされ、「チョコレートケーキの王様」と称されるのが、「ザッハートルテ」です。貴族に仕えた料理人のフランツ・ザッハーが考案したというこの一品は、なめらかで美しいチョコレートコーティングと、甘さを抑えたほろ苦いチョコレートケーキ、甘酸っぱいアプリコットジャムとの相性がベストマッチ。ウィーンの人のおもてなしには欠かせないスイーツです。

皇妃エリザベートは、この贅沢なスイーツをこよなく愛したひとり。ウィーンには、エリザベートがザッハートルテを注文したときの領収書が残っているのだそう。常にウエスト50cmを保つことに執心したという彼女は、宮廷で出されるごちそうには目もくれず、時折食べるスイーツで心と身体を癒したのだそうです。

菓子職人でも難しいといわれるこのザッハートルテを、家庭でも作れるレシピに仕上げました。

“チョコレートを鏡のようにコーティングするには、温度管理が大切”

――「ウィーン・チョコレート工房レシャンツ」及びチョコレート店「ショコラーデケーニッヒ」オーナー、元祖ザッハートルテ「ホテルザッハー」元職人・レシャンツさん

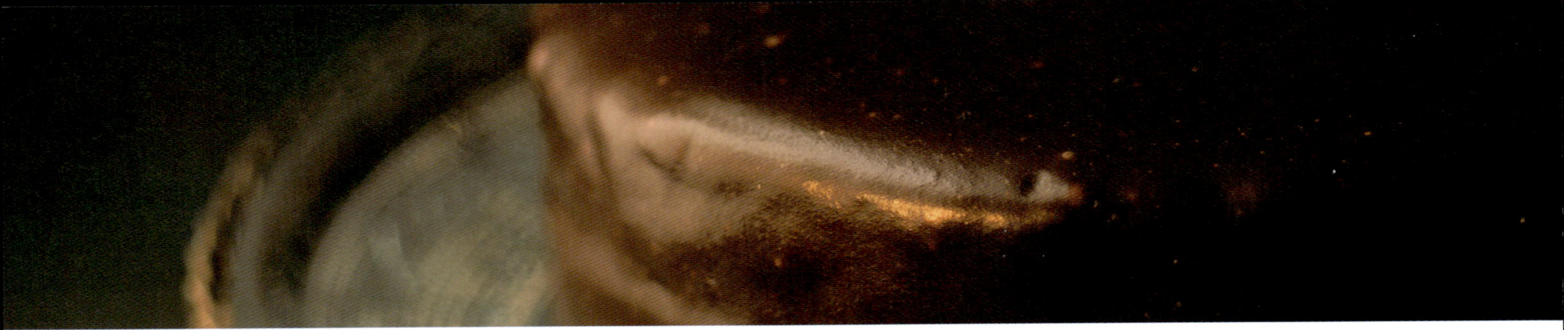

皇妃エリザベートのザッハートルテ

［ 材 料 ］ 直径15㎝の丸型1台分

薄力粉…60g、バター…60g、グラニュー糖…100g、
チョコレート…65g、卵…M3個、塩…ひとつまみ
ジャム〈アプリコットジャム…約400g、グラニュー糖…約30g、水…約大さじ2〉
コーティング用チョコレート〈チョコレート…125g、グラニュー糖…150g、水…65cc〉
ホイップクリーム〈生クリーム(乳脂肪分35%)…200g〉

PREPARATION

- ●薄力粉はふるっておく。
- ●バターと卵は室温に戻しておく。
- ●卵は卵黄と卵白とに分けておく。
- ●チョコレートは細かく刻む。
- ●アプリコットジャムは裏ごしする。
- ●厚紙（ケーキ用台紙）を15㎝の円形に切る。

［ 作り方 ］

1 ボウルにバターとグラニュー糖35gを入れ、泡立て器で白っぽくなるまですり混ぜる。

2 チョコレートは湯せんにかけて溶かす。30℃程度に温めて1に加え、混ぜ合わせる。

3 2に卵黄を1個ずつ加え、そのつどよく混ぜ合わせる。

4 別のボウルに卵白と塩を入れ、ハンドミキサーで泡立てる。グラニュー糖65gを4回に分けて加えながらツノが立つまで泡立て、メレンゲを作る。

5 3に4を数回に分けて加え、ゴムベラで切るように混ぜ合わせる。

6 薄力粉を一度に加え、さらに切るように混ぜ合わせる。

7 型にバター（分量外）を塗り、オーブンペーパーを敷く。6を流し入れ、スプーンの背で平らにならし、170℃のオーブンで40〜50分焼く。表面にひびが入り、真ん中に竹ぐしを刺して生地がつかなければ焼き上がり。型から外して冷ます。

8 7のオーブンペーパーをはがし、上面を薄く平らに切り落とす。高さの半分で横に2枚に切り分ける。

9 アプリコットジャムを100g取り分け、8の1枚に塗り、もう1枚を重ねる。はみ出たジャムは側面に塗り広げ、足りない場合はジャムを少し取り、側面に薄く塗る。厚紙を上にのせ、上下を入れかえて平らな面を上にする。

10 コーティング用のジャムを作る。鍋に残りのジャム、グラニュー糖、水を入れて火にかける。一度沸騰したら弱火にし、水の中に1滴落とすとすぐに固まる程度まで煮詰める。

11 型よりひとまわり小さい台(抜き型や缶詰など)に9を厚紙ごとのせ、10を全体に流しかけて表面を平らにならす。乾いたら、裾にツララのように落ちたジャムを取り除く。

12 コーティング用チョコレートを作る。鍋にグラニュー糖と水を入れて火にかける。沸騰したら火を止め、刻んだチョコレートを加え、混ぜて溶かす。

13 12を再び火にかけ、108℃まで煮詰めて火を止める。半量を清潔なまな板の上に取り出し、ヘラで塗り広げるようにこすりつける。粘りが出てきたら鍋に戻してよく混ぜ、66～68℃まで温度を下げる。

14 13を11に一気に流しかける。パレットナイフで平らにならして表面全体を覆い、裾にツララのように落ちた部分を取り除く。

かまどのオキテ

ここはスピードが命よ！ チョコレートが66～68℃になったらとろみが出てくるから手早く作業して！ コーティングチョコレートはすぐに固まるから、表面をならすときも手早く、慎重にね。

15 生クリームを泡立て器でツノが垂れる程度(7～8分立て)まで泡立て、切り分けた14に添える。

グレーテルのかまど のこと

NHK Eテレ
本放送　毎週（土）　夜 10:00 ～ 10:25
再放送　毎週（月）　朝 10:30 ～ 10:55
（2012 年 9 月現在）

仕事や子育てなど忙しい毎日に追われながらも
ひと息つける自分の時間を大切にする
大人の女性に対し、美しく、優しく、そして柔らかく
「あの人」たちが愛したスイーツにせまる
『グレーテルのかまど』の魅力を探ってみました。

見どころ

「あの人」が愛したスイーツに秘められた愛情や蘊蓄《うんちく》、味わい……。
そんなスイーツにまつわるドラマをお届けする『グレーテルのかまど』。
上質の本のページをめくるように、物語を楽しんでください。

"グレーテルのかまど"って？

グリム童話『ヘンゼルとグレーテル』では、妹グレーテルが兄ヘンゼルを救うため、お菓子の家の〝かまど〟の中に魔女を突き飛ばして自分たちの苦境を乗り越えます。番組は、甘さだけではない、厳しさやつらさも噛みしめ、乗り越えている現代の女性＝「大人になったグレーテル」たちに向けて、深くて美しいスイーツの物語をお届けしています。

番組だけのスペシャルレシピ

番組では、ナビゲーターの瀬戸康史さんが演じる「15代ヘンゼル」が姉グレーテルのためにスイーツ作りに挑戦しています。映画『ローマの休日』に登場するジェラートの味を推理したり、天才学者の愛したあんパンなどを、その時代背景を考察したりしながら、『グレーテルのかまど』ならではのスペシャルレシピに仕上げています。

Q & A

不思議な青い一軒家の中で繰り広げられる『グレーテルのかまど』には、
いったいどんなストーリーが隠されているの？
番組を見ている人なら、誰もが一度は持ったことがある疑問に答えます。

Q　スイーツを作るのがヘンゼルなのはなぜ？

A　グリム童話につづられた昔話の時代から、時を経て現代では姉弟。その役割分担も変わりました。一家のために奔走《ほんそう》するグレーテルに少しでも癒しを感じてほしい。そんな気持ちでヘンゼルはとっておきのスイーツを作っているようです。

Q　「かまど」ってどんな存在なの？

A　ヘンゼルは「わが家の居候」とからかいますが、かまど自身は「あんたたちの祖先を救ったかけがえのないかまど」と自負しています。ヘンゼルにスイーツにまつわるドラマとたくさんのアドバイスを教えてくれる、貴重な存在です。

Q　姉のグレーテルはいったい何者なの？

A　メッセージボードからは、しょげたり、疲れたり、恋に破れたりと、毎日を精いっぱい生きている女性の姿が垣間見えます。弟にちょっぴり甘えてスイーツが食べたくなるグレーテルは、番組を見ているあなたなのかもしれません。

Sweets recipes loved in japan

Chapter 3

あの人が愛したスイーツレシピ〜日本編〜

今も作品が広く愛される人たちや憧れの歴史上のヒーローは、
どんなスイーツを好み、どんな魅力に惹かれたのか。
一人ひとりの人生とともに、その味にせまります。

池波正太郎の
ホットケーキ

希《き》代《たい》の小説家にして、食通でもある池波正太郎。
彼が愛してやまなかったホットケーキは、
「父の思い出が詰まった優しい味」でした。

“香りのよいシロップを
たっぷりとかけまわして食べる旨さは、
たとえようもなく、
ハイカラな味がした”

——池波正太郎『ル・パスタン』(文春文庫)より

父との思い出のホットケーキに漂う和の風味

2012年春、惜しまれながらその歴史を閉じた「万惣《まんそう》フルーツパーラー」。この店のホットケーキを愛してやまなかったのが、時代小説で知られる池波正太郎です。

幼き日、離れて暮らす父に連れられて訪れた「万惣」のホットケーキに魅了された池波は、社会人となってからもしばしば店を訪れていたのだそうです。そのホットケーキに対する愛情は作家となってからも変わることはなく、時には旅先で、時には滞在先のホテルで、そして自宅の食卓でホットケーキを作らせては満足げにほおばっていました。

父の面影とともに味わっていた、池波正太郎の思い出の中のホットケーキ。今回は、和菓子職人が作っていたという当時のホットケーキに思いを馳《は》せ、和の香り漂うレシピに仕上げました。

Shotaro's favorite Hotcake

池波が自らホットケーキを食べている挿絵を描いた『ル・パスタン』(文春文庫)。

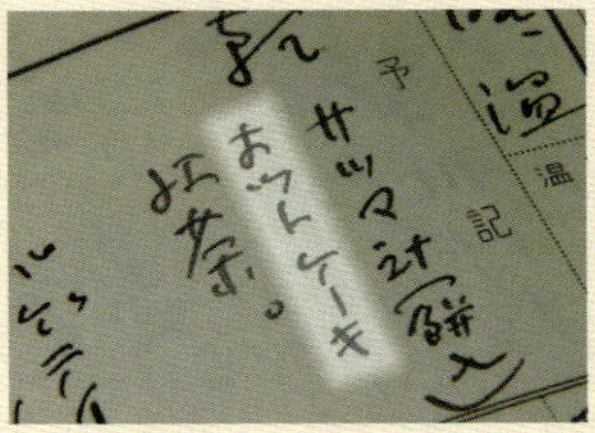

日記には、その日食べた「ホットケーキ」の文字が。

池波が執筆に使っていた机。

写真提供:文藝春秋

池波正太郎のホットケーキ

[材料] 4枚分

薄力粉…150g、ベーキングパウダー…小さじ2、上白糖…40g、塩…ひとつまみ、卵…M1個、
はちみつ…大さじ1、バニラエッセンス…少々、サラダ油…大さじ1、牛乳…140cc
シロップ〈黒砂糖…100g、きび砂糖…100g、水…100cc〉
バター…適量

PREPARATION

●薄力粉とベーキングパウダーは合わせてふるっておく。

[作り方]

1 ボウルに粉類、上白糖、塩を入れ、泡立て器で混ぜ合わせる。

2 別のボウルに卵を入れて溶きほぐし、はちみつ、バニラエッセンス、サラダ油、牛乳の⅓量を加えて混ぜ合わせる。

3 1の中央をくぼませて2を流し入れ、泡立て器で中央から円を描くように混ぜる。生地がかたくなってきたら残りの牛乳を少しずつ加え、全体がなめらかになるまで混ぜる。

4 フッ素樹脂加工のフライパンを、手をかざして温かさを感じる程度まで弱火で熱する。レードル1杯分の生地を取り、やや高い位置からフライパンの中心に流し入れる。

かまどのオキテ

フライパンの熱しすぎに注意。生地を流す前にぬれ布巾の上において冷ますと、熱が均一になって焼き上がりがキレイに！

An arrangement looks delicious, too!

5 4を約1分焼き、表面全体にぷつぷつと穴があいてきたら、フライ返しでひっくり返し、裏面も1〜2分、きつね色になるまで焼く。

6 シロップを作る。小鍋にシロップの材料を入れて火にかける。泡立て器で混ぜながら温め、完全に沸騰したら火を止める。

7 よく絞ったさらしか目の細かい茶こしでこし、常温になるまで冷ます。

8 ホットケーキを2枚重ねにして皿に盛り、常温に戻したバターと7を添える。

One more Recipe

ホットケーキベーコン添え

池波正太郎が朝食に食べたという
ベーコン添えのホットケーキは、
甘さと塩気が調和する不思議な味わい。

＋ プラスする材料 ＋　1人分

ベーコン…2枚、メープルシロップ…適量

＋ 作り方 ＋

A 「池波正太郎のホットケーキ」の作り方1〜5に準じて焼く。

B フライパンを油をひかずに熱し、ベーコンの両面を焦がさないようにさっと焼く。

C ホットケーキ2枚の間にベーコンをはさんで皿に盛り、上からメープルシロップをかける。

小津安二郎の
ショートケーキ

たっぷりの生クリームとフルーツ、そしてふわふわのスポンジ。
見る人を思わず笑顔にする「ショートケーキ」は、
小津安二郎が映画『麦秋』で登場させた「とっておき」のスイーツでした。

小津が通っていたパーラー・銀座千疋屋の当時のメニュー。真ん中にショートケーキがある。

Japanese Shortcake in Ozu film

“まあ、ショートケーキ？　おいしそうね”

——映画『麦秋』より

ちょっとレトロな佇まいが、古き良き日本の贅沢を思わせる

何気ない毎日にちりばめられた、はっとするセリフ。小津安二郎の映画には、日常の中に秘められたたくさんの発見があります。セリフにも、構図にも、小道具にもこだわり抜いた小津。そんな彼が映画『麦秋』の中で「贅沢なスイーツ」として取り上げたのが「ショートケーキ」です。時代は昭和20年代半ば。当時のショートケーキは、現在の価値では1万円近くにもなる高級品でした。憧れの品であったショートケーキを劇中に使うことで、小津は庶民の日常や、そこに横たわる人間模様を浮かび上がらせたのです。

当時、小津が通っていた銀座のパーラーのメニューには「ショートケーキ」の文字が残っています。フランスやアメリカのスイーツをヒントに、菓子職人が日本人好みにアレンジしたショートケーキは、モダンで新しい息吹《いぶき》を感じさせるものだったのかもしれません。

昭和の時代に思いを馳せて作るショートケーキ。たっぷりの生クリームでデコラティブに仕上げましょう。

写真提供：小津家、協力：鎌倉文学館

小津安二郎のショートケーキ

[材 料] 直径18㎝の丸型1台分

薄力粉…90g、卵…M3個、グラニュー糖…90g、バター…30g

シロップ〈グラニュー糖…15g、水…30cc、リキュール(オレンジリキュールなど)…20cc〉

ホイップクリーム〈生クリーム(乳脂肪分47％)…500cc、粉砂糖…50g〉

イチゴ…25～30粒

PREPARATION

- 薄力粉はふるっておく。
- バターは溶かしておく。
- イチゴの半量を半分に切る。
- 型の底と側面に紙を敷く。

[作り方]

1 スポンジ生地を作る。ボウルに卵を入れてほぐし、グラニュー糖を加える。泡立て器で混ぜながら約60℃の湯煎にかけ、人肌程度まで温める。

2 ハンドミキサーに持ち替え、生地が白くふんわりと、持ち上げるとリボン状に落ちる程度まで高速で泡立てる。低速に切り替え、大きく粗い気泡が細かくなるまで約1分混ぜる。

3 薄力粉を振り入れ、粉気がなくなるまでゴムベラで切るように混ぜ合わせる。

4 溶かした温かいバターをゴムベラに当てながら全体にまわし入れ、底から大きく混ぜる。

5 型に4を流し入れ、180℃のオーブンで約25分焼く。指の腹で中央を押さえてみて弾力があれば焼き上がり。型から外して冷ます。

6 シロップを作る。鍋にグラニュー糖と水を入れて火にかけ、沸騰させる。氷水に当てて冷まし、リキュールを加えて混ぜる。

Those cakes
look great!

7 5の上面の焼き色がついた部分を薄く切り落とし、半分の高さで横にスライスする(a)。1枚の表面にはけで6を塗る(b)。

8 ボウルに生クリームと粉砂糖を入れ、ボウルの底に氷水を当てながら、泡立て器でツノが少し垂れるくらいまで(8分立て)泡立てる。

9 7のシロップを塗ったほうに8をひとすくいのせ、パレットナイフで塗り広げ、半分に切ったイチゴを並べる。その上にさらに8をのせて平らにならし、もう1枚のスポンジ生地をのせ、表面に6を塗る。

かまどのオキテ

イチゴを飾るときは、切り分けることを考えて、ケーキの中央に置かないのが鉄則！

10 パレットナイフで表面と側面に8を塗り広げる(a)。残りを絞り出し袋に入れて絞り出し、残りのイチゴを飾る(b)。

One more Recipe

マンゴーのショートケーキ

アップルマンゴーを使った、さわやかなショートケーキ。
スポンジケーキを3段に切り分けて、
たっぷりのマンゴーを楽しみます。

＋ プラスする材料 ＋ 直径18㎝の丸型1台分

アップルマンゴー…1½個

＋ 作り方 ＋

A アップルマンゴーは皮をむき、種を取る。1個分は5㎜にスライスし、½個分は1㎝角に切る。

B 「小津安二郎のショートケーキ」の作り方1～5に準じて作り、スポンジ生地を1㎝の厚さに3枚切り分ける。

C それぞれのスポンジ生地の間にシロップを塗り、ホイップクリームとスライスしたマンゴーをはさむ。表面にたっぷりのホイップクリームを塗ってパレットナイフで模様をつけ、1㎝角のマンゴーを飾る。

“オヤジ”と呼ばれた男

安井寿一の チーズケーキ

濃厚なチーズの風味、とろけるような口当たり、ふんわりとした食感……。
さまざまな味わいを楽しめるのが「チーズケーキ」。
日本のチーズケーキの先駆けと言われた伝説の職人のレシピにせまります。

“めざすのは、
軽くて重くて
あっさりしてコクがある”

Juichi's Cheesecake

舌の肥《こ》えた食通たちにも愛された、スフレタイプのチーズケーキ

今ではスイーツの定番のひとつに挙げられる「チーズケーキ」。このスイーツ作りに熱い情熱を注いだ男がいました。男の名は、安井寿一《じゅいち》。多くの弟子たちから「オヤジ」と呼ばれ慕われた、伝説の菓子職人です。

時は今から40年以上前。都内有名ホテルで働く安井は、大阪万博に合わせてオープンする名門ホテルの製菓調理長に就任。東京で世界に通用するような洋菓子作りを目指していた安井にとって、それは意に反するものでした。けれどもそこで一念発起、安井が取り組んだのがドイツ菓子「ケーゼクーヘン」、つまりチーズケーキでした。当時見たことも聞いたこともない未知なる菓子への挑戦は失敗の連続。しかし決して諦めず、試作を繰り返した安井はとうとう、ふんわりとしたスフレタイプのチーズケーキを完成させたのです。

苦労の末につかんだ魅惑の味。安井は、それを惜しむことなく、レシピや技術を公開し、後輩たちに教え伝えてきました。今回は、その安井が目指した味と食感の再現に挑戦します。

左／多くの若手職人から「オヤジ」と呼び慕われ、洋菓子界の先頭を走ってきた。最前列、椅子に座っているのが安井。　右／講習会で飴の飾りを実演する安井。

写真提供：三枝俊介

安井寿一のチーズケーキ

［ 材 料 ］ 直径15㎝の丸型1台分

タルト生地〈薄力粉…85g、ベーキングパウダー…小さじ⅔、バター…65g、粉砂糖…35g、
塩…ひとつまみ、卵黄…L1個分(20g)、牛乳…小さじ1、バニラエッセンス…少々〉

チーズ生地〈クリームチーズ…150g、卵黄…L1個分(20g)、卵白…L2個分(75g)、牛乳…200cc、
コーンスターチ…30g、バター…25g、グラニュー糖(上白糖でも可)…105g、
レモンの表皮のすりおろし…⅕個分、レモン汁…小さじ1〉

ラム酒漬けレーズン(湯で戻したレーズンでも可)…15g

PREPARATION

●薄力粉とベーキングパウダーは合わせてふるっておく。
●タルト生地用のバターと卵黄は室温に戻しておく。
●クリームチーズは室温に戻しておく。

［ 作り方 ］

1 タルト生地を作る。ボウルにバターを入れ、泡立て器で白っぽくなるまで練る。

2 粉砂糖と塩を加えてしっかりとすり混ぜ、卵黄、牛乳、バニラエッセンスを加えて混ぜ合わせる。

3 粉類を加え、ゴムベラで粉気がなくなるまで切るように混ぜ合わせる。ラップに包んで平らにし、冷蔵庫で最低1時間休ませる。

4 3を伸ばしやすいかたさになるよう、麺棒で叩いて調節する。2～3㎜の厚さに丸く伸ばし、表面にフォークで穴をあける。

かまどのオキテ
生地を扱っている間に柔らかくなってしまったら、冷蔵庫で冷やして調節して！

5 180℃のオーブンで薄いきつね色になるまで焼く。焼けたらすぐに直径15㎝の型を当て、包丁で切り抜く。

6 型の底と側面にオーブンペーパーを敷き、5を入れてラム酒漬けレーズンを散らす。

7 チーズ生地を作る。ボウルに卵黄、牛乳20cc、コーンスターチを入れ、泡立て器で混ぜ合わせる。

8 鍋に残りの牛乳とバターを入れて火にかける。完全に沸騰したら7に注ぎ入れ、手早く混ぜ合わせる。とろみがついてきたらクリームチーズを加え、ダマにならないようしっかりと混ぜる。

9 別のボウルに卵白を入れて泡立て、グラニュー糖を3回に分けて加える。そのつどよく泡立て、ツノの先端が垂れるくらいのかたさにする。

10 8に9を加え、泡立て器で混ぜ合わせる。レモンの表皮とレモン汁を加え、粗い泡が消えて生地にツヤが出るまで混ぜる。

11 10を6に流し入れ、200℃のオーブンで約30分焼く。焼き上がったら、ナイフで紙と生地の間に1周、深さ1cmくらいの切り込みを入れる。周囲の浮いてきたところを木ベラで押して形を整え、型に入れたままラップに包む。冷蔵庫にひと晩置き、翌日型と紙を外す。

One more Recipe

ベイクトチーズケーキ

チーズの味がしっかり感じられる、
しっとりタイプのベイクトチーズケーキ。
フレッシュフルーツを味のアクセントに。

＋ 材料 ＋　直径15cmの丸型1台分

タルト生地…「安井寿一のチーズケーキ」1台分

チーズ生地

〈クリームチーズ…200g、バター…50g、
粉砂糖…75g、レモンの表皮のすりおろし…ひとつまみ、
バニラエッセンス…適量、卵黄…M3個分、
生クリーム(乳脂肪分47％)…75cc、レモン汁…20cc〉
ラズベリー・ブルーベリー…各適量

＋ 作り方 ＋

A ボウルに室温に戻したクリームチーズとバターを入れ、泡立て器でクリーム状に練る。

B 粉砂糖、レモンの表皮、バニラエッセンスを加えてすり混ぜ、卵黄を加えてさらに混ぜる。

C 40℃に温めた生クリームを少しずつ加えてよく混ぜ、最後にレモン汁を加える。

D 「安井寿一のチーズケーキ」の作り方1～5に準じてタルト生地を作る。型の底と側面に紙を敷き、タルト生地を入れる。Cを流し入れてフルーツを散らす。180℃のオーブンで約50分焼く。

戦後間もない東京・神田の喫茶店。
小説家と後《のち》の随筆家を結びつけたのは、
チョコレートパフェでした。

武田百合子の
チョコレートパフェ

大人の恋を思わせる、
ビターなチョコとフルーツの出会い

神田神保町の路地裏に、終戦直後に生まれた喫茶店「ランボオ」。作家が集い、創作の熱いエネルギーに満ちたその店に、ひとりの美しい女性が働いていました。女性の名は、武田百合子。そして、彼女を目当てに店を訪れ、チョコレートパフェをごちそうしていたのが、後に夫となる作家、武田泰淳《たいじゅん》です。戦後の物資が少ない時代、貴重なアイスクリームやチョコレートで作られたパフェは、二人の縁を取り持ちます。食べることが何よりも好きだった百合子と、その姿を眺めることを喜びとしていた泰淳。泰淳との出会いは、百合子の類い稀なる感性を磨き、随筆家・武田百合子を生み出すこととなりました。

若い頃の出会いから、夫が病に倒れたときも、百合子のそばにあったチョコレートパフェ。オレンジやベリーと組み合わせ、大人の恋をイメージしてビターな味わいに仕上げました。

夫の武田泰淳と。結婚前には、泰淳によくチョコレートパフェをごちそうしてもらっていた。

“おいしいものを食べるのが
わたし一番好きよ”

——武田泰淳「もの喰う女」より(『武田泰淳全集　第二巻』所収)

Yuriko and
Chocolate Parfait

写真提供：武田花

武田百合子のチョコレートパフェ

[材料] 2人分

チョコレートアイスクリーム(市販)…適量、ラズベリー…20粒、ヘーゼルナッツ…20粒

オレンジのコンポート、オレンジチップ

〈オレンジ…2½個、水…200cc、砂糖…200g、グレナデンシロップ(ザクロのシロップ)…40cc〉

チョコレートフレーク、チョコレートソース

〈チョコレート(カカオ分72%)…150g、牛乳…100cc、

プラリネペースト(キャラメルがけしたアーモンドやヘーゼルナッツをペーストにしたもの)…50g、

ロイヤルティーヌ(ごく薄く焼いたクッキー生地を砕いた製菓材料/コーンフレークでも可)…50g〉

ホイップクリーム〈生クリーム(乳脂肪分47%)…150g、粉砂糖…12g〉

PREPARATION

- チョコレートは刻んでおく。
- 生クリームは氷水を当て、粉砂糖を加えて泡立て、ホイップクリームを作っておく。
- ヘーゼルナッツは180℃のオーブンで約10分ローストし、刻んでおく。

[作り方]

1 オレンジのコンポートを作る。鍋に水と砂糖を入れて火にかける。沸騰したら火を止め、グレナデンシロップを加えてボウルに移し、皮をむいたオレンジ2個を漬けてラップを密着させる。粗熱がとれたら冷蔵庫でひと晩漬ける。

2 1のオレンジをシロップから引き上げ、内側の薄皮の間にナイフを入れて房状に切り分ける。

3 オレンジチップを作る。オレンジ½個を2mm幅にスライスし、バットに並べる。1の漬け汁を注ぎ入れ、ラップを密着させて約1時間浸け込む。

4 3の汁気を拭き取り、40〜60℃のオーブンで乾燥させる(約3時間)。乾燥剤を入れて保存も可。

5 チョコレートフレークを作る。刻んだチョコレート50gを湯煎で溶かし、プラリネペーストと混ぜ合わせる。

6 ロイヤルティーヌを加えてゴムベラで混ぜ(a)、オーブンペーパーに薄く広げる(b)。全体が固まったら適当な大きさに割る。

7 チョコレートソースを作る。ボウルに刻んだチョコレート100gを入れ、沸騰させた牛乳をチョコレートの上に注ぐ。手早く混ぜてなめらかな状態にする。

8 オレンジのコンポート、漬け汁、チョコレートフレーク、ホイップクリーム、チョコレートアイスクリーム、ラズベリー、チョコレートソース、ヘーゼルナッツを順に器に盛りつけ、オレンジチップとチョコレートソースを飾る。

One more Recipe

フルーツパフェ

たっぷりのベリーを使ったフルーツパフェ。
パリパリのアーモンドフレークが、
ほどよいアクセントを生んでいます。

＋ 材料 ＋　２人分

バニラアイスクリーム(市販)…適量、
スライスアーモンド(製菓用)…50g、
ホワイトチョコレート…150g、
ラズベリー・ブルーベリー・イチゴ…各適量、
ベリーソース…適量(P.25「フィンランド風パンケーキ」)、
ホイップクリーム…適量

＋ 作り方 ＋

A イチゴはスライスし、「武田百合子のチョコレートパフェ」の作り方3〜4を参考にチップを作る。

B ロイヤルティーヌの代わりにスライスアーモンド、チョコレートの代わりにホワイトチョコレートを用い、作り方5〜6を参考にアーモンドフレークを作る。

C 「フィンランド風パンケーキ」(P.25)を参考にベリーソースを作る。

D ベリーソース、ホイップクリーム、バニラアイスクリーム、生のベリー類を順に器に盛りつけ、最後にアーモンドフレークとイチゴチップを飾る。

手塚治虫の
チョコレート

「漫画の神様」と呼ばれた手塚治虫の必需品、チョコレート。
手塚作品の創作になくてはならなかったチョコレートを、
ちょっとリッチな板チョコにアレンジしました。

Osamu's Favorite Chocolate

代表作品のひとつ、『ブラック・ジャック』の１コマ。

手塚作品にたびたび登場するチョコレート。青春時代の自伝的マンガ『どついたれ』。

Osamu's Favorite Chocolate

“チョコが無いと僕は描けません”

――手塚治虫

チョコレート通もうならせる、濃厚なカカオの香りとナッツの味わい

多くの日本人に影響を与える作品を生み出し続けた手塚治虫。彼の漫画の中には、数々のチョコレートが登場します。そして、彼自身もまた、右手にペンを持ち、そして左手でチョコをつまみながら創作を続けていました。時には、夜中にチョコレートがなくなり、アシスタントや編集者がタクシーを走らせて買い求めることもあったのだそうです。自らの戦争体験と、恐怖におびえる日々の中で見つけたチョコレートの味の記憶は、手塚にとって「生きる」ことそのものに重なっていたのでしょう。

そんなチョコレートに対し、手塚はエッセーの中で「興奮剤の代用、眠気覚まし」と評しています。仕事に疲れたとき、創作に行き詰まったときに、手塚はチョコレートに秘められた何かの力を頼りにしていたのかもしれません。

今回は、手塚の創作に欠かせないチョコレートを、なめらかな口どけとナッツのザクザク感が味わえる一枚の板チョコにしてみました。遺品のひとつ、食べかけの板チョコに思いを馳せて……。

手塚治虫のチョコレート

[材 料] 8㎝×16㎝×1㎝のチョコレート型3枚分

クーベルテュール(総カカオ分56%の製菓用チョコレート)…500g

フィリング〈アーモンド(皮つき)…50g、ヘーゼルナッツ…50g、
グラニュー糖…150g、ミルクチョコレート…100g〉

PREPARATION

- クーベルテュールは細かく刻み、300gと200gに分ける。
- 180℃のオーブンで、アーモンドとヘーゼルナッツを中心部分まで火が通るようにローストし、ヘーゼルナッツは薄皮をむく。
- ミルクチョコレートは細かく刻んでおく。

[作り方]

1 ボウルにクーベルテュール300gを入れ、約60℃の湯煎にかけて溶かす。

2 1が約50℃になったら湯煎から外し、残りのクーベルテュール200gを加え、混ぜながら溶かす。

3 2を30～32℃になるよう温度を調節する(テンパリング)。作業中は常に31～32℃を維持するように、湯や冷水に当てて温度を調節する。

かまどのオキテ

口どけなめらかなチョコレートを作るには、この温度が大切。1℃の違いが仕上がりに差を生むから、温度管理は徹底して！

The bonbons look nice, too!

4 フィリングを作る。フードプロセッサーにローストしたナッツ類とグラニュー糖を入れ、数分間まわしてなめらかなペースト状にする。

5 ボウルにミルクチョコレートを入れ、約60℃の湯煎にかけて溶かす。約30℃まで温まったら、4を加えて混ぜる。

6 型の内側にはけで3を薄く塗り、涼しい場所に置く。固まりかけたら、型の内側からはみ出た部分をカードで取り除く。

7 6に5を流し入れる。型の高さの1mm下まで満たし、涼しい場所で固める。

8 7が完全に固まったら、3を型いっぱいまで流し入れ、紙1枚をのせてその上から麺棒を転がして平らにならす。固まったら型を裏返し、ゴムベラなどで振動を与えて取り出す。

One more Recipe

チョコレートボンボン

チョコレート型がないときは、固めたフィリングを切ってクーベルテュールにくぐらせればチョコレートボンボンに。おもてなしやプレゼントにも最適です。

＋ プラスする材料 ＋　約20個分

なし

＋ 作り方 ＋

A 「手塚治虫のチョコレート」の作り方5のフィリングをバットにあけて平らにならし、そのまま涼しい場所で固める。

B Aを2cm×3cmに切り分け、作り方3のクーベルテュールにくぐらせる。

C Bをバットに並べ、涼しい場所で固める。お好みで表面にローストしたアーモンドやヘーゼルナッツ(作り方4でペーストにする前に少し取り分けておく)を飾る。

宮沢賢治の
アイスクリーム

口の中ではらりとほどけ、しっとりとした卵の風味が感じられる……。
牛乳と卵、そして砂糖が織りなすシンプルなアイスクリームは、
宮沢賢治が妹に捧げた味でした。

“どうかこれが天上のアイスクリームになつて、
おまへとみんなとに聖《きよ》い資糧《かて》をもたらすやうに……”

——宮沢賢治「永訣の朝」より(『春と修羅』所収)

Kenji and Ice Cream

妹・トシとの別れを詠った「永訣の朝」が収められた『春と修羅』。

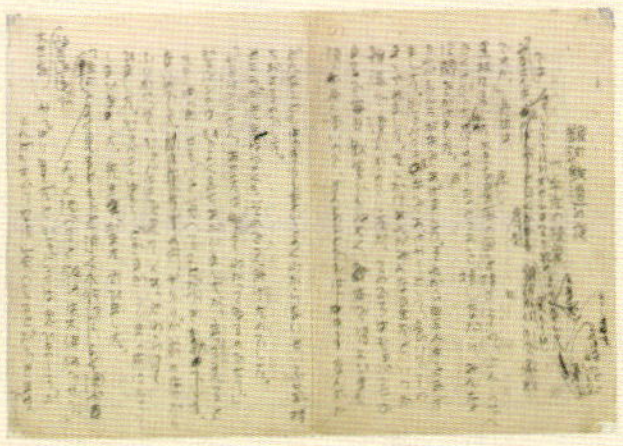

賢治の代表作『銀河鉄道の夜』の手書き原稿。

妹のためにアイスクリームを買いにいったお店「花巻精養軒」。

素朴な味わいが感じられる優しい味

今なお、たくさんの人の心を打つ作品を残している宮沢賢治。彼の人生の中で忘れられない味となっているのが「アイスクリーム」です。裕福な家に生まれながら、親との折り合いが悪かった賢治の、唯一の理解者であった妹・トシ。病に伏す彼女に賢治が与えたのが、「アイスクリーム」です。賢治とトシが生きた大正時代には、牛乳と卵を使ったアイスクリームは、熱の苦しみを和らげ、身体に栄養を与えてくれる貴重なスイーツでした。「あめゆじゅとてちてけんじゃ」、雨雪を取って来てほしいというトシのために、賢治は何度も店へと走りアイスクリームを手に入れます。そして、永遠の別れが来たとき。賢治は雨雪が姿を変えて「天上のアイスクリーム」となってトシの元に届くようにと願うのです。

牛乳や卵が貴重品だった当時をしのび、シンプルな材料で作るアイスクリームにしました。溶けゆく真っ白な雪のような、優しい味を目指します。

写真提供：(株)林風舎、(財)日本近代文学館、宮沢賢治記念館(花巻市)、大木光子

宮沢賢治のアイスクリーム

［ 材料 ］ 4人分

牛乳…350cc、生クリーム(乳脂肪分47%)…50cc、卵黄…Ｍ４個分、グラニュー糖…80g

PREPARATION

●アイスクリーマーの内部の容器を冷凍庫でひと晩(7時間以上)冷やしておく。

［ 作り方 ］

1 ボウルに卵黄を入れて泡立て器でほぐし、グラニュー糖を加えて白っぽくなるまですり混ぜる。

2 鍋に牛乳と生クリームを入れて火にかけ、沸騰直前まで温める。1に少しずつ加えながら溶きのばす。

3 2を鍋に戻して弱火にかけ、耐熱性のゴムベラで絶えず全体を混ぜながら、83℃まで煮詰める。

かまどのオキテ

温度計がないときは、ゴムベラに取って指で筋をつけてみて。筋状に跡が残るぐらいの濃度になったらOK！

4 3をこしながらボウルに移し、氷水をボウルの底に当てて混ぜながら冷やす。

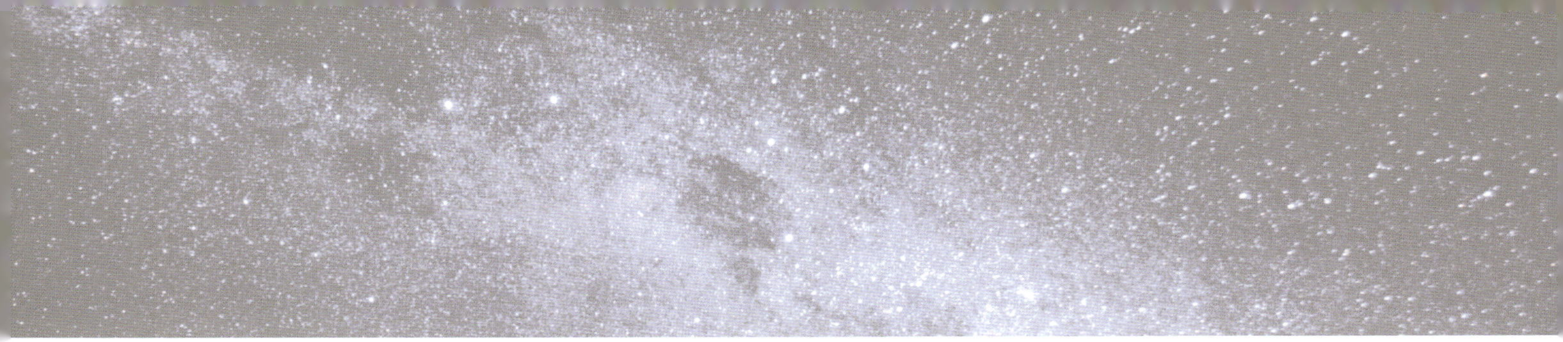

5 準備したアイスクリーマーにかける。3回程度まわしたら2～3分休ませ、また3回程度まわす。

(注)アイスクリーマーの使用法は、機種によって異なります。付属の説明書に従ってください。

6 ゴムベラでときどき混ぜながら5を繰り返し、ふんわりとしたアイスクリームに仕上げる。

7 湯で温めたディッシャーやスプーンで器に盛りつける。

The vanilla flavor is also great!

One more Recipe

バニラアイスクリーム

賢治の時代から100年あまり。
クリームのコクとバニラの香り豊かな、
現代風のアイスクリームもご紹介します。

＋ 材料 ＋　４人分

牛乳…250cc、生クリーム(乳脂肪分47%)…75cc、
卵黄…M３個分、グラニュー糖…55ｇ、
バニラのさや…1本、バニラエッセンス…少々

＋ 作り方 ＋

A ボウルに卵黄を入れて泡立て器でほぐし、グラニュー糖を加えてすり混ぜる。

B 鍋に牛乳、生クリーム、縦にさいたバニラのさやを入れて火にかけ、沸騰直前まで温め、バニラのさやを取り除く。Aに少しずつ加えながら溶きのばす。

C 「宮沢賢治のアイスクリーム」の作り方3～6に準じ、4でバニラエッセンスを加えて仕上げる。

坂本龍馬のカステラ

動乱の幕末を疾風のように駆け抜けた坂本龍馬。
革新と先進性を重んじたヒーローの心をつかんだのは、
南蛮渡来の甘いカステラでした。

“かすていら、そのあじわひ、
極めて豊美《ほうび》なり”

──『三国名勝図会』より

Ryoma and Castella

進取《しんしゅ》の気性に富んだ龍馬にちなんだ〝平成の味〟

今から約150年前。日本の夜明けを信じて改革を進めたヒーロー、坂本龍馬。常に新しいものを取り入れた彼が、長崎で出会ったのが「カステラ」でした。

江戸時代に唯一公式に海外貿易が認められていた、長崎・出島。当時は貴重だった砂糖が手に入りやすかったこの地では、ポルトガルのお菓子に由来したという砂糖たっぷりの「カステラ」が売られていました。これまでに味わったことのない、上品な甘さに驚いたのか、龍馬が結成した海援隊の雑記帳『雄魂姓名録《ゆうこんせいめいろく》』には、カステラのレシピが記されています。また、最愛の妻・お龍《りょう》と行った新婚旅行にも、携えた思い出の味がこのカステラ。うどん粉と卵、砂糖だけを材料としたその味は、見たこともない海の向こうの新しい文化を感じさせるものだったのかもしれません。

今回は、江戸時代の炭火で焼いた素朴な味に、現代の材料を合わせた贅沢なカステラに仕上げてみました。

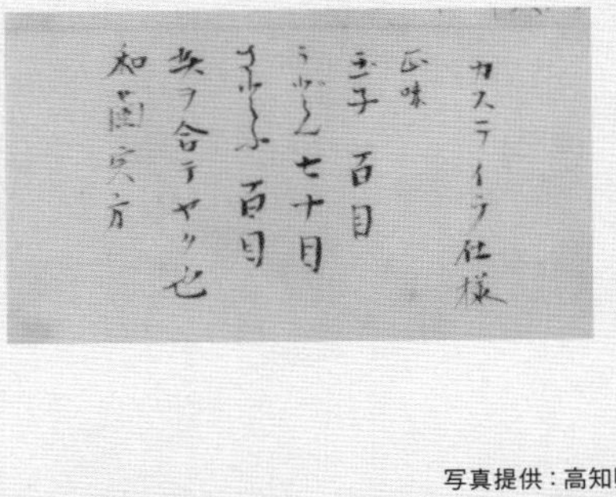

左／海援隊の中心メンバーと。左から3番目が龍馬。　右／カステラのレシピを記した海援隊の雑記帳。「玉子100、うどん粉70、砂糖100」と粉の多い配合となっている。

写真提供：高知県立坂本龍馬記念館、京都国立博物館所蔵

坂本龍馬のカステラ

PREPARATION

- オーブンプレートの大きさに合わせて切った新聞紙8枚を、オーブンプレートに敷く。
- オーブンペーパーを20㎝角に切る。
- 18㎝角のステンレス型枠を2つ用意する。
- 薄力粉はふるっておく。

［ 材 料 ］ 18㎝角の型枠1枚分(約10カット分)

薄力粉…130g、卵黄…M13個分、卵白…M5個分、上白糖…290g、はちみつ…40g、米飴(水飴でも可)…30g、水…30cc、練乳…30g、白ざらめ糖…10g、みりん…適量

［ 作り方 ］

1 焼き型の準備をする。新聞紙12枚を18㎝幅に切る。型の1つに、切った新聞紙6枚を1セットにして縦横、十文字になるように交互に敷く。型枠から外にはみ出した部分を底部分に折り込み、セロハンテープで軽くとめる。

2 新聞紙を貼った型枠の内側に18㎝×40㎝の白い紙2枚を十文字に敷き、型枠からはみ出した部分を外側に折り込み、軽くのりづけする。

3 生地を作る。ボウルに卵黄を入れて泡立て器で溶きほぐし、上白糖150gを一度に加え、白っぽくなるまですり混ぜる。

4 別のボウルに卵白を入れてハンドミキサーで軽くほぐし、残りの上白糖の⅓量を加え、なめらかな状態になるまで泡立てる。残りの上白糖を半量ずつ加えながら、ツノが立つくらいのメレンゲになるまで泡立てる。

かまどのオキテ

卵黄と卵白を別々に泡立てることで、家庭のオーブンでも両面焼きのようなふんわり感が。だからメレンゲはしっかり泡立てて！

5 鍋にはちみつ、米飴、水を入れて火にかけ、人肌程度まで温めたら3に加えて混ぜる。さらに練乳を加えて混ぜ、4に加えて8割程度混ぜる。

6 5に薄力粉を加え、粉気がなくなるまで混ぜる。

7 オーブンプレートに2を置き、6を高い位置から流し入れる。表面に白ざらめ糖を散らし、200℃のオーブンに入れる。

8 約3分後に表面に薄い膜が張ったら、霧吹きで水(分量外)をかけて膜の張りを戻し、ヘラで底の方から上下に円を描くようにかき混ぜる(泡きり)。これを3分間隔で4回行い、最後に表面を平らに整えてオーブンに入れ、約8分焼く。

9 生地が浮き上がってきたら、はみ出さないようにもう1つの型枠をのせて約6分焼き、表面に焼き色をつける。

10 9にふたをするように天板をのせて約10分焼く。天板を外して型の中の空気を抜き、天板を戻して約10分焼く。もう一度天板を外して空気を抜いて天板を戻し、約5分焼く。生地の表面を手の平で押すと、弾力があって戻ってくる感触があれば焼き上がり。

11 オーブンペーパーにはけでみりんを塗り、10にかぶせて型枠ごと裏返す。

12 のりづけした白い紙を新聞紙からはがし、型枠からカステラを抜く。粗熱がとれるまでそのまま冷ます。冷めたら裏返し、オーブンペーパーをはがす。お好みの大きさに切り分ける。

One more Recipe

抹茶のカステラ

抹茶を加えるだけでできる、アレンジレシピ。
ポイントは香りの良い、おいしい抹茶を用意するだけです。

+ プラスする材料 + 18㎝角の型1枚分

抹茶…6g

+ 作り方 +

A 抹茶は薄力粉と一緒にふるっておく。

B 「坂本龍馬のカステラ」の作り方6で薄力粉の代わりにAを加え、以降は「坂本龍馬のカステラ」の作り方に準じて仕上げる。

南方熊楠のあんパン

つやつやの表面を割ると現れるぎっしりと詰まったあんこ。
世界を驚かせた天才学者、南方熊楠《みなかたくまぐす》が愛したのは、
日本の素朴なあんパンでした。

“午下《こか》アンパン買に之《ゆく》
……帰て久枝の子と又アンパン買に之”

——南方熊楠

Kumagusu's
favorite
An-pan

家族と一緒の記念写真。一番右が熊楠。

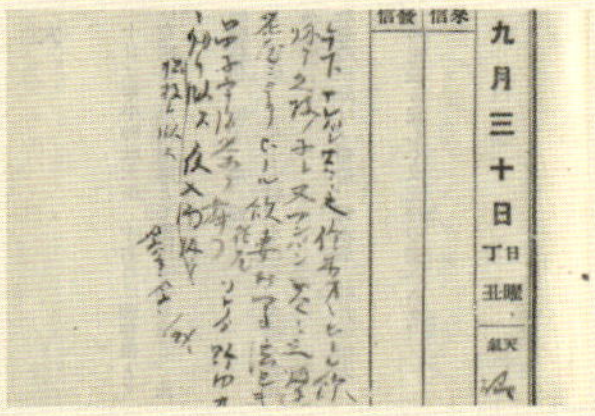

熊楠の日記。「午下アンパン買に之 鈴木方にビール飲　帰て久枝の子と又アンパン買に之」と書いてある。

和歌山県にある熊楠の家。

熊楠が生きた時代に思いを馳せた、和洋折衷《わようせっちゅう》の味

ふんわりとしたパン生地にたっぷりのあんこ。見た目も愛らしいこの日本生まれのパンを愛したのが、南方熊楠です。十数カ国の外国語をあやつり、10種以上の新種の粘菌を発見、世界にその名を轟《とどろ》かせた男は、故郷の熊野であんパンを片手に暮らす生活を送っていました。

日記によれば、時には1日2回もあんパンを買い、親戚や近所の子どもに分け与えて、自分でも文机《ふづくえ》の傍《かたわ》らに欠かさなかったという熊楠。海外暮らしが長く、甘党だったという彼にとって、あんパンはこのうえない和洋折衷の逸品だったのでしょう。

熊楠が活躍した大正〜昭和初期は、酒種を使って作られるあんパンが人気でした。そこで今回は、往時の香りを思わせる、酒粕をレシピに取り入れました。

写真提供：南方熊楠顕彰館(田辺市)

南方熊楠のあんパン

[材料] 12個分

強力粉…250g、グラニュー糖…60g、塩…小さじ¾、酒粕…50g、湯…45cc、インスタントイースト…5g、牛乳…75cc、卵…M1個、バター…30g、小豆こしあん(P.86参照)…480g、白ケシの実…適量

PREPARATION

- 酒粕は電子レンジ(1000W)で約20秒温めてやわらかくしておく。
- 牛乳と湯はそれぞれ約40℃に温める。
- バターとこしあんは常温に出しておく。

[作り方]

1 ボウルに酒粕と湯を入れ、泡立て器で混ぜて溶かす。インスタントイースト、牛乳、卵を加えてさらに混ぜる。

2 ボウルに強力粉と塩を入れて混ぜ、1を加える。約半量のグラニュー糖を加え、握ったり、押さえたりを繰り返し、粉気がなくなるまでこねる。

3 残りのグラニュー糖を加え、力強く握りながら押さえつけるように約3分こねる。表面が乾燥しないようぬれ布巾やラップをかけ、5分程度休ませる。

4 3にバターを加え、生地の表面がなめらかになるまで約5分こねる。

5 4を温かい場所に約10分置き、生地を折りたたむようにしてガス抜きをする。表面が乾燥しないようにぬれ布巾やラップをかけ、さらに約30分置いて発酵させる。

An arrangement also seems delicious.

6 5を12等分に分割し、生地の表面が張るように丸め、バットに間隔をあけて並べる。ラップをかけ、冷蔵庫でひと晩発酵させる。表面がなめらかになり、大きさが約1.5倍になるのが発酵の目安(上：発酵前、下：発酵後)。

7 6を直径約7cmに伸ばし、こしあんを大さじ1(約40g)ずつのせる。生地の端をつまむようにしてこしあんを包み、オーブンプレートにのせる。40℃のオーブンで約1時間発酵させる。

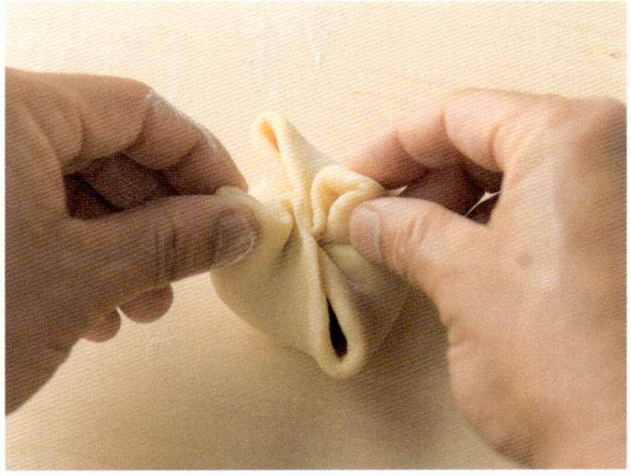

8 ツヤ出しの溶き卵(分量外)をはけで塗り、表面の中央に指先で白ケシの実を埋め込む(1cm程度)。190℃のオーブンで約15分焼く。

かまどのオキテ

指先でぎゅっと生地を押すことで、パンとあんの間に空洞ができず、ぎゅっと詰まったあんぱんになるのよ！

One more Recipe

クリームパン

あんパン同様、どことなくノスタルジーを
感じさせてくれるクリームパン。
バニラ香るカスタードクリームをたっぷりと。

＋ プラスする材料 ＋　12個分

カスタードクリーム

〈卵黄…M3個分、グラニュー糖…80g、薄力粉…30g、バニラのさや…¼本、牛乳…300cc〉

＋ 作り方 ＋

A ボウルに卵黄を入れて泡立て器で溶きほぐし、グラニュー糖を加えて白っぽくなるまで混ぜる。ふるった薄力粉を一度に加えて混ぜる。バニラのさやを加え、沸騰直前まで温めた牛乳を少しずつ加えて溶きのばす。

B Aをこし器でこして鍋に入れ、火にかけて絶えず混ぜながら火を通す。ツヤが出たら氷水に当てて素早く冷やし、カスタードクリームを作る。

C 「南方熊楠のあんパン」の作り方1～5に準じて生地を作り、6で生地を12等分し、同様に発酵させる。生地を薄く伸ばし、Bを大さじ2ずつのせて半分に折って縁を押さえ、ナイフで切り込みを入れる。

D 40℃のオーブンで約1時間発酵させ、表面にツヤ出しの溶き卵(分量外)をはけで塗る。190℃のオーブンで約15分焼く。

向田邦子の水ようかん

日本の夏の風物詩、水ようかん。小豆、砂糖、寒天、水のみで作られる
この滋味豊かな味わいを愛したのが、脚本家の向田邦子です。
彼女が愛した凛とした佇まいのひと切れを、どうぞ。

左／お気に入りのお店「菊家」で水ようかんを買い求める向田。　右／向田は水ようかんを食べるときはこのお皿を使っていた。

鋭い切り口とうす墨色の美しさ、もののあわれ

人気ドラマの脚本や随筆、小説の名手、向田邦子。彼女はエッセー「水羊羹」の中で、自らを脚本家というよりも「水羊羹評論家という方がふさわしいのではないか」と記しています。

エッセーでは、水ようかんの命は「宮本武蔵か眠狂四郎が、スパッと水を切ったらこうもなろうかというような鋭い切口」やうす墨色の美しさにあるとしたうえで、いただく際の器やお茶、BGMにまで気を配ります。それは、一夜過ぎたら水っぽくなってしまう、生き物のようなお菓子、水ようかんへの彼女流の礼節の尽くし方なのでした。

「水羊羹は気易くて人なつこいお菓子です。(中略)そのくせ、本当においしいのには、なかなかめぐり逢わないものです」という向田好みの水ようかんを目指して、こしあんから手作りし、切り口とうす墨色を追求、喉ごしもなめらかな逸品に仕上げました。

“まず水羊羹の命は切口と角であります”

——向田邦子「水羊羹」より(『眠る盃』所収)

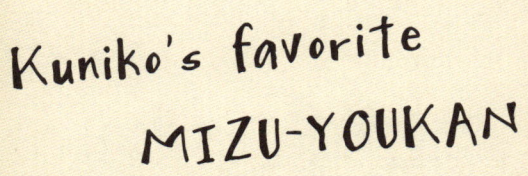

Kuniko's favorite
MIZU-YOUKAN

向田邦子の水ようかん

［ 材 料 ］ 12㎝×15㎝×4㎝の流し缶1枚分

小豆こしあん…380g、糸寒天…4g、水…650cc、三温糖…80g、葛粉…5g、和三盆糖…30g

小豆こしあん ※できあがり650g 分。おいしく作るための最小分量。

〈小豆…250g、グラニュー糖…250g〉

PREPARATION

- 小豆こしあんは前日に作っておく。
- 糸寒天はたっぷりの水に6時間浸けて戻す。
- 和三盆糖はふるいでふるっておく。

［ 作り方 ］

1 小豆こしあんを作る。鍋に水洗いした小豆と水(約500cc／分量外)を入れ、強火でゆでる。

2 小豆が浮いてきて、引き上げたときに皮にしわが寄っていたら、差し水をして沸騰を抑え、湯の温度を50℃以下に下げる。

3 再度沸騰させ、皮のしわが伸びて小豆が乾燥時の2～2.5倍に膨らんだら、火を止めてざるにあけ、ゆで汁を捨てる(渋きり)。

かまどのオキテ

粘り気や雑味を防ぐためにも皮が破けるのは絶対NG！ 透明な美しいワイン色のゆで汁が、見極めのサインよ！

4 小豆にまんべんなく水をかけ、皮を破らないよう注意しながら、表面の渋をやさしく洗い流す。

5 鍋に4を戻し入れ、水(約500cc／分量外)を入れて強火にかける。沸騰したら弱火にしてゆるやかに沸騰する火加減でゆでる(a)。小豆が常にゆで汁に浸るよう、適宜水を加え、指で簡単につぶれるくらいに柔らかくなるまでゆでる(b)。

6 大きめのボウルの上に金網を置いてざるを置き、5をあける。上から水をかけながら、おたまの背で小豆をつぶす。

7 小豆の温度が下がったら、水をかけながら手でつぶしてこす。ざるに残った小豆の皮は取り除く。

8 ボウルにたまった呉(豆の中身)を、裏ごし器でこす(a)。上から適量の水を加えて混ぜながらこし、細かい皮を取り除く(b)。

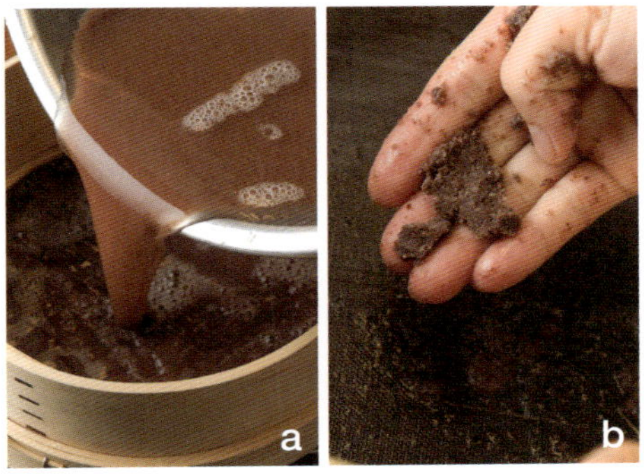

9 8の呉が沈んだら上澄みを捨て、たっぷりの水を注いで全体をかき混ぜる。呉が沈んだら上澄みを捨てる。これを上澄みが半透明になるまで繰り返す(2回程度)。

10 9の上澄みを捨て、さらしにあけて水気をきる(a)。体重をかけ、水分がなくなるまで絞りきる(b)。

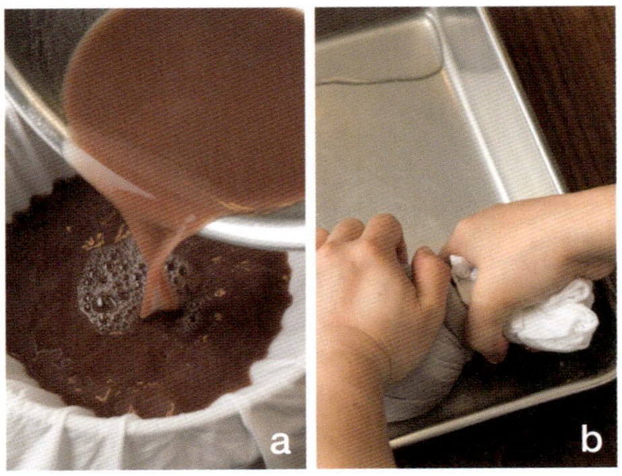

11 鍋にグラニュー糖と水(約400cc／分量外)を入れて火にかけ、グラニュー糖を煮溶かす。

To the next page

12　11に10の半量を加え、木杓子で混ぜる。全体を混ぜながら沸騰させ、残りの半量を加える。

13　強火を保ちつつ、焦がさないように絶えず全体をかき混ぜながら炊き上げる。

かまどのオキテ

熱くても強火をキープして！　弱火にすると、水っぽいあんになっちゃうわよ！

14　あんをすくって落とし、こんもりとした状態になれば炊き上がり(a)。火を止めてあんを鍋肌に貼りつけ(b)、余分な水分を飛ばすとともに、鍋肌の乾燥したあんに水分を含ませる。

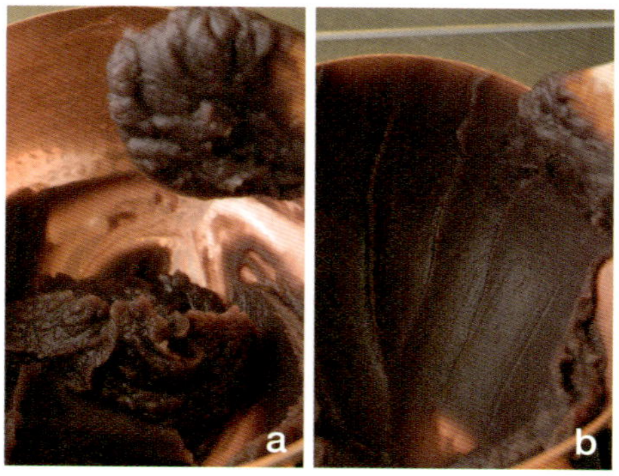

15　バットに小分けにして取り出し、ぬらしてかたく絞ったさらしをかけて冷ます。粗熱がとれたらひとかたまりにまとめ、ラップをかけて冷蔵庫でひと晩寝かせる。

16　水ようかんを作る。寒天が角までしっかり戻っている(右側の状態)ことをチェックし、水気をきる。鍋に水600ccと一緒に入れて火にかけ、沸騰させて完全に煮溶かす。

17　寒天が完全に溶けたことを確認したら三温糖を加え、再度沸騰させて煮溶かす。

18 17をさらしでこして絞り、不純物を取り除く。

19 18に小豆こしあんを加える。木杓子で混ぜながら沸騰させ、液体の重さが950gになるまで煮詰める（事前に鍋の重さは量っておく）。

20 火を止め、水50cc（分量外）で溶いた葛粉を糸を垂らすように加えて混ぜ、再度沸騰させる。

21 火を止め、和三盆糖を加えて木杓子で混ぜる。

22 鍋を氷水に当て、ゆっくりと混ぜながら少し熱めの風呂くらいの温度になり、とろみが出るまで冷ます。

23 水でぬらした流し缶に、22を目の細かいざるでこしながら流し入れ、常温で固める。固まったら冷蔵庫で冷やす。流し缶から取り出し、お好みの大きさに切り分ける。

水木しげる夫妻の ぼたもち

春と秋のお彼岸に欠かせないのが「ぼたもち」。
日本人の風習に深く根づいたこの味は、漫画家水木しげるの活力の源でもありました。

春と秋の彼岸には、ぼたもちを欠かさない妻の布枝さん。

Shigeru's favorite BOTA-MOCHI

“子どもの頃から、ぼたもちは大好き。特別たくさん食べてきた”

——水木しげる

ほんのり残るごはん粒と食べごたえのある大きさが水木家流

たっぷりのあんこでおもちを包んだ「ぼたもち」。地域によって春にはぼたもち、秋にはおはぎと名を変えるこの和菓子は、彼岸のお供え物として古くから親しまれてきました。

そのぼたもちを愛してやまないのが、『ゲゲゲの鬼太郎』などの漫画で知られる水木しげる。漫画家としてはまだ売れていなかった頃、妻の布枝さんの故郷、島根の実家からしばしば送られてきた米と小豆。「ご先祖様への感謝を込めて」布枝さんが作るぼたもちは、水木家の特別なスイーツになったのです。時には編集者の差し入れを仕事そっちのけでほおばり、時には自身の描く漫画の中にも登場したぼたもち。けれども水木にとっては、布枝さんの作るぼたもちを超えるものはなかなかないのだそうです。

ほどよくつぶつぶ感を残したもちと、ひと口ではほおばりきれないくらいのごろんとした大きさが「水木家」の味。そんな素朴な味わいを目指しましょう。

ぼたもちが登場する作品、その名も『剣豪とぼたもち』。

水木の代表作品『ゲゲゲの鬼太郎』。水木家では鬼太郎の前にぼたもちを供えることも。

水木しげる夫妻のぼたもち

[材 料] あんこ・きなこ各8個分

もち米…1.5合、うるち米…0.5合、水…400cc、塩…少量

つぶあん〈小豆…250g、上白糖…250g〉

きなこ〈きなこ…100g、上白糖…10g、塩…少量〉

PREPARATION

●きなこは材料をすべて混ぜ合わせておく。

[作り方]

1 つぶあんを作る。鍋に小豆と水(約500cc／分量外)を入れ、強火にかけて沸騰させる。小豆を引き上げて皮にしわが寄っていたら、差し水をする。

2 再度沸騰させ、皮のしわが伸びて小豆が乾燥時の2倍程度に膨らんだら、ゆで汁を捨て(渋きり)、小豆の表面を水で洗い流す。

3 鍋に小豆を戻し入れ、水(約500cc／分量外)を入れて火にかける。煮崩れしないようにゆるやかに沸騰する火加減で約1時間、柔らかくなるまで煮る。

4 3に上白糖を加え、さらに15～20分煮る。水分がなくなってきたら、木杓子でやさしく混ぜながら煮詰める。

かまどのオキテ

混ぜすぎると粒がつぶれて食感が悪くなるので、混ぜるのはやさしくね。煮詰まってくるとあんがはねるので、火傷しないように手袋をして混ぜて！

5 木杓子で鍋底に筋が残るくらいのかたさになったら(a)、バットにあけて冷ます(b)。あん全体をあんこ用2：きなこ用1に分け、それぞれ8個ずつに分けて丸めておく。

6 もちを作る。もち米とうるち米を合わせて３回ほど水洗いし、ざるにあけてしっかりと水気をきる。水400ccと合わせ、約１時間置く。炊飯器で炊き上げ、すり鉢にあけて塩を振りかけ、すりこぎで粗めにすりつぶす。

7 手に水をつけながら、もち全体をあんこ用１：きなこ用２に分け、それぞれ８等分して丸める。

8 あんこのぼたもちを作る。ぬらしてかたく絞ったさらしにあんを広げ、丸めたもちをのせて包み込む。ぎゅっと絞って手の平で転がし、楕円に形を整える。

9 きなこのぼたもちを作る。ぬらしてかたく絞ったさらしにもちを広げ、丸めたあんをのせて包み込む。きなこをまぶして手の平で転がし、楕円に形を整える。

ある日の収録風景

武田百合子のチョコレートパフェ編

毎週美しく、おいしいスイーツを
紹介している番組『グレーテルのかまど』。
どのようにして番組が作られているのか、
収録風景を少しお見せしちゃいます。

収録前の打ち合わせは丁寧かつ念入りに

撮影に先立って行われる打ち合わせ。レシピの監修をしている辻調グループの先生、15代ヘンゼル役の瀬戸康史さん、かまど役のキムラ緑子さん、スタッフらが一堂に会し、番組の進行を確認します。スイーツ作りのポイントなどもここで念入りにチェック。

ヘンゼルのスイーツ作りを支える先生の的確な所作指導

番組が始まって1年。スイーツ作りに慣れてきた瀬戸さんですが、難しい作業は事前に練習をして、先生の指導を受けます（先生方のお話では、スジとカンの良さはピカイチ）。

スイーツ作りはタイミング勝負！

数秒〜数十秒の違いで、仕上がりに大きな差が生まれてしまうのがスイーツ。瀬戸さんは収録の合間も真剣に手順を確認して、スイーツ作りに臨みます。

番組を支える
辻調の先生たちです！

レシピ監修はもちろん、番組制作を全面にわたりサポートしている先生たち。所作指導のほか、事前の準備や収録中のアドバイスなども行っています。

Chocolate Parfait

自作のスイーツは格別の味わい

日本ではなじみのないスイーツや材料を使うこともある、この番組。自分で作ったスイーツを番組の最後に実際に試食します。はたして今日のできばえは……!?

NHK『グレーテルのかまど』

出演
15代ヘンゼル　瀬戸康史
かまど&ナレーション　キムラ緑子

番組制作
NHK青少年・教育番組部　NHKエデュケーショナル
アトリエ・NOA　クリエイティブネクサス

レシピ監修
tsuji 辻調グループ
エコール 辻 東京・辻製菓専門学校・辻調理師専門学校

NHK Eテレ
本放送　毎週（月）　午後10:00～10:25
再放送　毎週（水）　午前10:25～10:50
（2017年4月現在）

仕事や子育てに追われながらも“ひと息つける自分の時間”を大切にしたい。そんな大人の女性のために“美しく”“優しく”“柔らかく”スイーツにせまる番組。現代の「大人になったグレーテルたち」に向けて、深くて美しいスイーツの物語と、物語にちなんだ番組オリジナルのレシピを紹介している。

http://www4.nhk.or.jp/kamado/

tsuji 辻調グループ

辻調理師専門学校を中心とする、卒業生12万7500人のネットワークをもつ「食の総合教育機関」。
「辻製菓専門学校（大阪）」は、洋菓子・和菓子・製パンなど製菓の分野すべてを学ぶ学校。
「エコール 辻 東京」は西洋料理・日本料理・製菓をジャンル別に学ぶことのできる学校として、実習中心のカリキュラムでスペシャリストを育てている。
さらに上級進学先としてフランス・リヨン近郊にある辻調グループフランス校のほか、辻調理技術研究所、辻製菓技術研究所がある。

http://www.tsujicho.com

本書のお菓子・パンを製作した先生たち

洋菓子・製パン担当

和菓子担当

NHK『グレーテルのかまど』

あの人《ひと》が愛《あい》した、とっておきのスイーツレシピ

2012年10月5日　第1刷発行
2021年11月10日　第7刷発行

監修　NHK『グレーテルのかまど』制作《せいさく》チーム
発行者　佐藤靖
発行所　大和《だいわ》書房
東京都文京区関口1-33-4
電話03（3203）4511
菓子製作　【洋菓子・製パン】百野浩史・近藤敦志・岡部由香・根岸望美・山本真希子（エコール 辻 東京）
【和菓子】金澤賢吾・上元純一・植尾匠・小林聡美（辻製菓専門学校）
ブックデザイン　内村美早子（anemonegraphic）
編集協力　植木あき子（Editorial Space A. A. P）、小山伸二・松本しのぶ・岡沙弥香（辻調グループ：企画部）
撮影　片桐圭
スタイリング　本多敦子
校正　小阪ひろみ・重松麻希（辻静雄料理教育研究所）、木野陽子
撮影協力　ワタナベエンターテインメント、シス・カンパニー、パナソニック（スチームオーブンレンジ）
http://panasonic.jp/range/
製作協力　NHK、NHKエデュケーショナル、辻調グループ
編集　滝澤和恵（大和書房）
印刷　歩プロセス
製本　ナショナル製本

ISBN978-4-479-92052-6
乱丁本・落丁本はお取り替えいたします
http://www.daiwashobo.co.jp